光明与真理的
耶鲁大学

王子安◎主编

汕頭大學出版社

图书在版编目（ＣＩＰ）数据

　　光明与真理的讲堂——耶鲁大学 / 王子安主编. --
汕头 ： 汕头大学出版社，2012.4（2024.1重印）
　　ISBN 978-7-5658-0709-1

　　Ⅰ．①光… Ⅱ．①王… Ⅲ．①耶鲁大学－概况 Ⅳ.
①G649.712.8

中国版本图书馆CIP数据核字（2012）第066407号

光明与真理的讲堂——耶鲁大学

主　　编：王子安
责任编辑：胡开祥
责任技编：黄东生
封面设计：君阅天下
出版发行：汕头大学出版社
　　　　　广东省汕头市汕头大学内　　邮编：515063
电　　话：0754-82904613
印　　刷：河北浩润印刷有限公司
开　　本：710mm×1000mm　1/16
印　　张：11
字　　数：80千字
版　　次：2012年4月第1版
印　　次：2024年1月第2次印刷
定　　价：50.00元
ISBN 978-7-5658-0709-1

目　录

追忆往事

独特光芒

政治精英

人文精英

华人风采

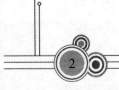

追忆往事

耶鲁创始人

1620 年 9 月 23 日,一艘名为"五月花号"的帆船在大西洋的波涛中艰难地航行。船上坐着来自英国的 102 名乘客,他们渡过大西洋寻找能够把清教信仰发扬光大的自由之地。最终,他们在被雪山环绕的马萨诸塞(马萨诸塞为一个印第安部落名称,意为"多山之地")港湾抛锚靠岸。

新英格兰风景

在战胜疾病、争斗甚至死亡之后,这些被称为"朝拜圣地之人"

的清教徒终于在这片荒芜之地上建立起了自己的新天国，并且日新月异，影响越来越大，吸引越来越多的英国人漂洋过海前来实现自己的淘金梦。这一热潮以不可抑制之势逐渐扩大，最终席卷了整个英国。

　　随着大批清教徒移民的到来，神职人员变得奇缺，于是，成立一座培养未来牧师的神学院已是众望所归。在热烈的期盼中，哈佛学院成立了。然而，此时的清教内部，已变得不再单纯，开始了勾心斗角的权力之争，原本以简朴而著称的清教在极端分子的手里开始散发出邪恶的光芒，这片充满生机的新鲜土地到处弥漫着血腥和暴力。

　　终于，以罗得岛州为首的教徒们揭竿而起，新英格兰地区的教徒们也纷纷响应，自由的呼声以燎原之势不可抑制。1636 年创办的哈佛学院在 17 世纪末终于不能再坚守自己的清教阵地，顺应了历史潮流，从原来的正统神学守护者逐渐演变成了开明的自由神学的倡导者。

　　虽然严酷的极端清教统治被推翻了，但同时也使人们失去了真正的

耶鲁大学校徽

清教精神。在哈佛，一些坚守着清教阵地的教徒不忍心看到他们辛苦建立的王朝就此终结，更不愿清教的精神也随之消失。他们作出了一个决定：像第一批来到这里的清教徒那样另辟蹊径，守护清教的光辉。于是，这些被称作叛逆者的教徒们再一次踏上了信仰的征途。

如何在新的土地上重新建立起清教的新天国，并将这精神圣火传递下去呢？这批"叛逆的"清教徒们设定了很多方案，但莫衷一是，始终没有找到解决的办法。此时，随着移民热潮来到这里的约翰·达文波特已成为当地有名的一名牧师，他的看法最终决定了未来耶鲁大学的诞生。达文波特认为只有教育真正能从一开始就确立人们的信仰，并一代代传递下去。因此，建立一所学校，专门为神学培养牧师才是至关重要的。

他的想法得到了一部分人的认同，但建造大学之路却非常艰难。起初，哈佛的"叛逆者"们在康涅狄格州一个叫克林沃斯的地方成立了旨在坚守神学神圣性与纯洁性的学院—联合教会学院。这就是耶鲁大学的前身。

对于自己的创业史，耶鲁人十分看重，把它视若生命般珍贵，其中"以书立校"的传统最为耶鲁人津津乐道和引以为豪。

在耶鲁大学成立初期，条件非常艰苦只有几间简陋的校舍，而学院必备的书籍更是少得可怜。以奉献精神为己任的神职人员于是决定将自己的个人藏书捐献出来。1701年10月，10位胸怀大志的牧师（其中有9位毕业于哈佛大学）出任联合教会学院的董事，并向学校捐献图书及其他财物。学校则努力争取生源和资金，并开始接触一些可能提供援助的捐赠者。

1701年10月，牧师们推举哈佛毕业生亚伯拉罕·皮尔逊为耶鲁学院第一任院长，由此教会学校正式成立了。耶鲁大学最初命名为"大学学院"。但直到第二年3月，学校才有了第一个学生雅各布·海明威。

1707 年，第一批 18 名学生被授予学士学位。开始的时候学生分散在康州的 6 个城市学习，1716 年，托管人投票表决一致同意将学校迁至纽黑文。

　　纽黑文位于美国东部的康涅狄格州，作为美国最初的 13 个独立殖民地之一，它的历史要追溯到 1614 年。荷兰的航海家们首先到达这里。继而，大批来自马萨诸塞湾的殖民者也移居到了这里，使其逐渐发展成为贸易和交通枢纽中心。

纽黑文市

　　纽黑文坐落在康涅狄格州中南部的长岛湾，因为这里广种榆树，所以又有"榆树城"之称。这里原来是印第安人的一个村庄，名叫昆尼皮亚克，意为长河之地。1638 年，一批英国移民在这里建立起家园。凭借着天时地利，纽黑文从一个小渔港逐渐发展起来了，它以生产枪炮、五金工具和马车而闻名，渐渐颇有城市的规模，人们开始称纽黑文

追忆往事

为新港。1784 年，纽黑文经过政府认可建市，由起草《独立宣言》的成员之一罗杰·谢尔曼担任首任市长。1875 年，纽黑文与康涅狄格州的另一个城市哈特福得联合成为这个州的首府。

　　10 位清教徒用捐书的形式将注重书籍不朽价值的理念传递了下来，他们永远留存在耶鲁人的记忆中。如今，耶鲁的斯特林图书馆入口处正厅的上方，10 位牧师的"赠书图"依然栩栩如生地雕刻在那里的石块上，见证着耶鲁大学不朽的理念与信仰。

追忆往事

耶鲁校名的由来

　　要讲校名的话，我们必须提个人，那就是伊莱休·耶鲁。伊莱休·耶鲁，1649年4月5日在波士顿马萨诸塞出生，他是富有的波士顿商人大卫·耶鲁及其妻子厄休拉的第2个儿子。大卫·耶鲁是有名的"五月花号"殖民者中的一员。在此之前，他是苏格兰的一名清教徒。当时，英国的政权还掌握在斯图亚特家族的手里。

耶鲁大学

　　国王查理一世将议会当成了横征暴敛的工具，要求议会同意他提出的任何财政支出方案。国王的专制与横征暴敛并未给自己带来稳定的财政来源，反而因为议会与民众对国王还款能力和意愿的不信任而最终导致了财源的枯竭。

　　皇室想尽一切办法镇压清教徒，而清教徒本身也因为不断发生的内部冲突变得矛盾重重，以克伦威尔为首的清教徒变成了跃跃欲试的皇权争夺者，此时的英国到处充斥着浓重的火药味。富甲一方的耶鲁家族既是查利一世想要消灭的对象，也是克伦威尔想要拉拢的对象。在这样的情况下，大卫·耶鲁为了免遭查理一世的杀戮，便忍痛放弃了在英国拥有的一切，决定跟着

"五月花号"前往马萨诸塞。后来发生的事证实了大卫·耶鲁这一决定的明智，举家搬迁使得耶鲁家族躲过了一场残酷的战争。国王查理一世的腐败激起了反抗，已失去人心的国王无论如何都不是克伦威尔领导下的冷峻的清教徒的对手。

1649年1月30日，最高法庭判决"查理·斯图亚特作为暴君、叛徒、杀人犯及国家的敌人，应该被斩首"。终于，查理一世这个残暴的君主在一片欢呼声中毙命于白厅的断头台上。

查理一世

在这腥风血雨的1649年，伊莱休·耶鲁出生了。在这片尚未被开发的殖民地上，大卫·耶鲁的心始终没有安定过，当他听到斯图亚特王朝覆灭，查理一世被斩首，克伦威尔执掌政权的消息之后，大卫·耶鲁认为到了重返故乡的时候。毕竟在那片土地上他曾风光一时，他始终认为那里才是他的根。于是，耶鲁家族举家返迁了。但这一次，他们却失算了。一心要光大家族事业的耶鲁家族，却始终没有得到他们梦想中的生活。虽然还是继续从前的生意，但没有了政治的庇护，已经在走下坡路了。更加无奈的是，垂老的大卫·耶鲁再也没有力气离开这片土地了，由于大儿子的早亡，他将全部的希望寄托在了自己的二儿子伊莱休·耶鲁身上。

小耶鲁背负着家族的期望，在这个动荡不安的年代里成长为一名受到正统教育的清教徒。他加入了父亲的公司，在积累了些贸易经验之

追忆往事

后，他成为当时赫赫有名的英国东印度公司的一名职员。31 岁那年，耶鲁爱上了一位有钱的寡妇凯瑟琳。虽然凯瑟琳当时已经是 4 个孩子的母亲了，但这并没有妨碍热情如火的耶鲁。虽然这段爱情不被所有的人看好，但耶鲁还是执意和凯瑟琳结婚，同时，他也理所当然地得到了一笔不菲的资产。

那是耶鲁一生中最一帆风顺的时期，由于在东印度公司的出色表现，他被任命为圣乔治堡的总督。圣乔治堡承担着大英帝国东印度公司的重要贸易活动，是整个公司的中心，耶鲁带着为家族扬名的使命接受了这一职位。然而，这位几乎与政治不沾边的清教徒哪里是那些幕后操纵者的对手。耶鲁怎么也不会想到当他穷尽所有精力为这个来之不易的

伦 敦

职位奋斗的时候，政治狂徒们已经决定抛弃这个对他们没有任何利用价值的人了。

耶鲁的命运发生了转折。那个混乱的年代到处充斥着各色不同的人，被时局所迫的许多人开始变得冷漠和贪婪，维系彼此关系的最重要的纽带就是利益。耶鲁不幸成了政治的牺牲品，虽然他在经营上有着敏锐的眼光和独到的手段。

1699 年，耶鲁没有像家族期盼的那样荣归故里，从印度回来时，他已然风光不再。而他当初执意孤行的婚姻也在此时变得支离破碎。22 年后，伊莱休·耶鲁病逝于伦敦，被埋在了圣贾尔斯教堂的墓地里。

1716 年，科顿·马瑟来到联合教会学院，面对学校拮据的经济状况而忧心如焚。他希望有一个慷慨的捐赠者能给新生的联合教会学院注入资金。在经过深思熟虑之后，他写信给曾在波士顿东印度公司结识的官员伊莱休·耶鲁，他相信耶鲁是一个有理想而又慷慨的人。科顿的来信打动了耶鲁，耶鲁把他向中国出售船只获得的第一笔钱捐给了科顿·马瑟的学校。其中包括412 本书、英王乔治一世的肖像和文章以及其他一批物品。慷慨的捐助对于当时穷困不堪的联合教会学院来说无疑是雪中送炭，校方无比高兴地接受了赠物。耶鲁的赠助解决了校方空缺的建楼资金，终使学院的第一幢教学楼得以竣工。为了对伊莱休·耶鲁慷慨的捐赠表示感谢，"联合教会学院"遂命名为耶鲁学院。

耶鲁的一生都在为家族荣誉而努力奔走，但不幸成为政治斗争的牺牲品，始终游走在这个血腥年代不安定的边缘。耶鲁晚年的境遇固然惨淡，但他无论如何也不会料到，自己曾经并不算丰厚的捐赠使得他一生的梦想得以实现，遗憾的是他自己至死都不知道。

追忆往事

与哈佛的历史恩怨

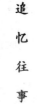

　　耶鲁大学在美国常春藤盟校中录取率并不高，名教授人数也不算最多，连校友的捐赠金额也只能屈居第二。在这些方面，哈佛大学历来都是独占鳌头。但《美国新闻与世界报道》最具权威性的美国最佳大学排名榜中，1997年却把耶鲁排在了第一位，而多年来一直排名第一的

耶鲁大学

哈佛反而掉到了第三位。耶鲁的学生校报《耶鲁每日新闻》的大标题

是："《美国新闻与世界报道》终于承认了明显的事实：耶鲁是第一"，后面又忍不住"幸灾乐祸"地加上一句："哈佛连第二都不是!"

耶鲁与哈佛的竞争由来已久，这两所美国历史最悠久的大学互相竞争也是由来已久的事。起初在1701年，就是因为当时康涅狄格州教会的成员们对"麻省的某个大学"（也就是哈佛）"走下坡路的趋势"感到担心，才决定在自己的地盘上成立一所大学与之抗衡。在耶鲁大学的校园街上走一走，你会发现一些商店的橱窗里摆着墓碑，上面写的竟是"安息吧，哈佛!"和"安息吧，普林斯顿!"等碑语。

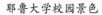
耶鲁大学校园景色

一年一度的哈佛—耶鲁橄榄球比赛是作为一名学生必须参加的盛事，这就像英国剑桥大学与牛津大学传统划船比赛的美国版。比赛不论是在耶鲁还是哈佛举行，可容几万人的体育场都会座无虚席。两方的学生们和特地赶来助兴的校友们，各自举着自己的标语牌向对手学校的学生们示威，为自己的球员们欢呼。两队还各有一支青春美少女拉拉队和

追忆往事

观众拉拉队默契地配合着，高呼各种口号，表演各种特技，再就是根据自己方所得比分数在场边集体做俯卧撑。耶鲁的学生们有专门的歌谣来笑话哈佛，鼓舞自己。有一首歌曲唱道："晚安，可怜的哈佛……当大蓝队追你的时候，哈佛，晚安！"（蓝色是耶鲁的校色）另一首歌则充满信心地预言："哈佛的队也许一直打到最后，但耶鲁会赢！"一旦赢球，耶鲁的球迷们会有节奏地欢呼："叭喇狗！叭喇狗！"叭喇狗是耶鲁的象征，也是球队的名字。

追忆往事

女生桌

　　走出耶鲁大学的斯德林图书馆，在它的左前方，有一汪清水流淌在黑色椭圆形的大理石桌面上，那是什么呢？那就是大家所熟悉的女生桌。女生桌，不是意味着女生的形象，而是刻录着女生在耶鲁的故事，女性在耶鲁从无到有到不断壮大的过程。大理石与水，黑色与透明，坚固与柔韧，这是凝练而完美的创意。时光飞逝，流水潺潺，女人如水，清澈晶莹的水流在向现在的耶鲁诉说着悠久的往事。

耶鲁大学

追忆往事

50 多年前的耶鲁没有女生的身影，而且在耶鲁 300 多年的历史中，长达 200 多年没有女生的身影。令人窒息的是不仅是耶鲁将女性拒之门外，其他的常春藤盟校哈佛、普林斯顿等同样也拒绝女生入学。

　　20 世纪 60 年代，在美国，女性是一个受歧视的群体。高等院校是属于男人的，世界是属于男人的，女人只属于婚姻和家庭，属于琐碎无尽的家务。女权主义作家贝蒂·傅瑞丹出版了《女性的奥秘》一书，她曾非常极端地用"纳粹集中营"来比喻当年美国妇女的处境。此书与 1949 年出版的法国女哲学家波伏娃的《第二性》一同成为席卷整个西方社会的女权运动的最重要纲领。妇女们在受教育和就业上争取与男人平等的权利，建立新的女性价值观很快成为社会激进知识分子的共识。而耶鲁大学的男生也为推动这一进步作出了贡献，他们一再集体示

耶鲁大学的校园景色

威抗议。从 1965 年开始，学校在重重压力下，已经开始讨论男女合校

的可能性，然而倾向于保守的校董会却一拖再拖。由于时机还未成熟，社会大环境和学生施加的压力似乎还不足以打破激进派与保守派的均势。

到了1968年的秋天，学生提议校方立刻举行一个"男女合校"的试验周，那就是邀请500位来自各个女校的学生来耶鲁试读一星期。赞成男女合校的校长金曼·布鲁斯特看准这个契机批准通过。这些自告奋勇的耶鲁男生自己住在临时搭成的帐篷中，却把自己那设备齐全的宿舍让出来给女生住。结果一周下来，这个试验得到了学生们普遍的支持，也为男女合校的想法吹响了胜利的号角。1700多名学生联名写信请求校董会尽快实行男女同校。在校长布鲁斯特先生的支持下，校董会终于决定，从1969年起耶鲁大学正式招收女生。受其影响，同年哈佛大学和普林斯顿大学也开始招收女生。

在黑色的大理石桌面上刻着一组组数字，以年代对应着女生的人数，它们呈螺旋状排列，如1870年：0，1880年：0，1968：0，1980年：4147……

女生桌是由华裔著名设计师，耶鲁大学的荣誉博士玛雅·林女士设计的，她因设计美国越战阵亡将士纪念碑而成名。1994年在耶鲁大学庆贺男女同校25周年的仪式中，玛雅·林正式将女生桌献给了她的母校——耶鲁大学。

自从1969年耶鲁大学实行招收女生的特例以来，此后男女平等的意识逐渐成为学校教育中的重要理念。

学院之母

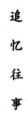

　　耶鲁大学的资助人从该校创办之日起就想把耶鲁办成第一流的大学。在耶鲁早期的毕业生中，一些心怀壮志的人开始筹建新的大学，一批现如今赫赫有名的学校由此应运而生，其中包括普林斯顿大学、达特茅斯大学等；还有一些人则受聘于一些已成立的学校做了学院的院长或者教授。

耶鲁大学

1853 年毕业于耶鲁大学的安德鲁·迪克森·怀特出任康奈尔大学首任校长。怀特 1832 年 11 月出生于纽约州的荷马，他从耶鲁大学毕业后在欧洲学习了 3 年，然后回到美国，在密西根大学担任历史及英国文学教授。1865 年他与巨商埃兹拉·康奈尔创立了康奈尔大学。怀特成为康奈尔大学首任校长，带领康奈尔大学走向世界精英院校之路。1879年，怀特辞去康奈尔大学校长职务，进入政治界进而成为了一名出色的外交家。怀特曾任美国驻德国和俄国公使、美国驻德国大使等职。

比怀特早一年毕业于耶鲁大学的丹尼尔·科伊特·吉尔曼在学校时是个活跃分子，他和怀特过往甚密，同是耶鲁秘密组织"骷髅会"的成员之一。1876 年，吉尔曼成为约翰·霍普金斯大学首任校长。

约翰·霍普金斯大学位于巴尔的摩市的北部，它的创立得益于一个

霍普金斯大学

名叫约翰·霍普金斯的富商。这位富商提出美国大学不应仅仅从事教

追忆往事

学，而要像德国一样把教学与科研结合起来。

于是，约翰·霍普金斯逝世前留下遗嘱，将他的遗产用于创建一所研究型大学。这就是霍普金斯大学的来历。

丹尼尔·吉尔曼被认为是一个极富想象力的校长，他对约翰·霍普金斯的创新思想极为赞同。在担任校长期间，他顶着来自各方面的压力，致力于研究性学科发展，率先在美国大学设立了研究生院。他认为最好的教师应是"自由的有进取心的，课余在图书馆和实验室埋头研究的人，最好的研究者应是对执教有责任感，能从同事中受到激励、从学生中获得信心和从公众谈论中获得启发的人"。美国第一所研究院性质的医学院和公共卫生学院在约翰·霍普金斯大学首先成立，为美国现代大学的发展揭开了新的一页。吉尔曼任校长26年，美国许多大学把他当年就任校长的日子2月22日定为新校长的就职典礼日。

教学与科研结合的起源还要从耶鲁在发展学院期间坚守的固有特色

耶鲁大学图书馆

说起。在学院的发展时期，耶鲁始终保留着耶鲁学院的所有传统，坚守着本科生的阵地，就连研究生也未曾在这个古老的学院设立。这样的做法在沿袭了欧洲的传统建校习惯的同时，也保持了自己的独特风格。但也因这一行为，使得老一辈校友认为，只有耶鲁学院才称得上是耶鲁的核心，任何发展都必须围绕着这一核心进行。守旧的观念直接导致了人才的外流，很多耶鲁大学的毕业生不能满足于耶鲁现有的状态，只得纷纷离开母校另辟天地。

也许只有迂回的上升才能为耶鲁打下稳固的基础，也许耶鲁热火朝天的发展是需要一位内敛的校长带领着歇歇脚的，这样当再次上升的时候才能积聚更多的力量。总之，无论怎样，诺业·波特校长没有像前几位校长一样致力于研究生的培养，但是他对耶鲁所作出的贡献，在如今看来，依然不能小觑。

耶鲁经过前几任校长的招贤纳才，已聚集了数位博学多才的教授，也留下了许多优秀的毕业生。波特校长对这些精英无比重视，他的态度使得众多学者，如温和的人文主义作家亨利·A.比尔斯（1869年在耶鲁获得文学士学位），威严的社会学及经济学家成威·格拉罕姆·萨姆勒（1863年在耶鲁获得文学士学位）等，都成为耶鲁的教授。与此同时，谢非尔德学院也聘用了一大批在社会上颇具影响的学者，其中包括耶鲁大学的第一位英语教授托马斯·A.劳恩斯伯里。可以这样说，正是波特校长的养精蓄锐，终使得耶鲁修成正果。

可以说，在当时还是学院级别的耶鲁就已经为美国的高等教育作出了不可磨灭的贡献。也就在那个时候，耶鲁有了一个美称——学院之母。

1887年，是耶鲁历史上不能忘记的一年，几代人的梦想终于成为现实，耶鲁大学正式成立，此时的校长是蒂莫西·德怀特。作为波特的继任者，他采取了与前任校长大相径庭的治校方法，又开始大力提倡办专门学院或者研究生院，以开放的姿态广纳社会各界优秀人才，吸引了

追忆往事

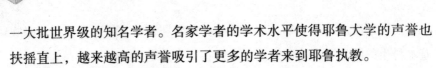

一大批世界级的知名学者。名家学者的学术水平使得耶鲁大学的声誉也扶摇直上，越来越高的声誉吸引了更多的学者来到耶鲁执教。

　　耶鲁以不可思议的速度飞快发展，各个学院的院长们从各处聘请美国的知名教授到自己的学院来，并竭尽全力为他们创造良好的工作条件。这些人不但为耶鲁培养了一代又一代的英才，他们辉煌的学术成就更使得耶鲁逐渐享有了世界级的声誉。

追忆往事

独 特 光 芒

耶鲁精神

作为哈佛竞争对手的耶鲁，在许多方面都希望能建立一个新的独立传统。"耶鲁精神"至今仍被理解为一种为争取个体的独立、为维护学术自主，即使付出代价也在所不惜的精神。这样的精神可以说与美国当初的立国精神十分吻合。然而，耶鲁多年来所坚持的这种精神，虽然使其获得美名，另一方面却也造成了经济上极大的损失。例如，20 世纪

独特光芒

耶鲁大学

60 年代越战期间，美国政府下令：凡是"ConscientiousObjectors"（即自称以道德或宗教理由反战者）一律不准领取奖学金的资助。当时美国诸名校（包括哈佛及普林斯顿）全都遵照政府的指示行事。唯独耶鲁坚守学术自主的一贯作风，继续以申请者的成绩为考虑奖学金的唯一原则，完全漠视政府的规定。结果，耶鲁因此失去了来自联邦政府的一大笔基金，经济上几乎陷入了困境。虽然如此，当时的耶鲁校长金曼·布鲁斯特却成为了一般知识分子心目中的英雄。至今许多人仍念念不忘他当时所说的一段话："最终一般社会上的人士将会了解：只有在学校拥有全部的自治权利，每个教师及学者皆有研究自由的条件下，整个社会才会有完全的自由与平等，而这也正是耶鲁的真正完整精神所在。"

在耶鲁的历史上，布鲁斯特永远占有很重要的位置。金曼·布鲁斯

美国珍珠港

特 1919 年出生于一个富裕的家庭，18 岁时进入耶鲁大学，大三期间因

为其优越的家庭背景、血统和不凡成绩以及体育表现，被耶鲁大学著名的秘密社团"骷髅会"邀请加入。"骷髅会"会员多是社会名流子弟，鼓吹精英联盟统治社会，产生过包括塔夫脱、老布什和小布什三位总统以及若干处于美国社会顶层的重要人物。进入"骷髅会"几乎是进入社会顶层的快捷通道。但时任历史最悠久的校报《耶鲁日报》主席金曼·布鲁斯特却拒绝了此次邀请，他因此被当时的耶鲁大学学生，后来成为总统的"骷髅会"成员小布什称为"最不喜欢的校长"。在担任校报主席期间，作为一个孤立主义者（主张不介入二战），金曼已经以抨击罗斯福而闻名。但就在日本偷袭珍珠港前夕，金曼对美国参战的态度来了 180 度转弯并于毕业后加入了海军。

二战结束之后金曼进入哈佛大学学习法律，并在毕业后留校任教至 1960 年。随后金曼接受耶鲁大学的邀请荣任耶鲁大学教务长的要职，并于 1963 年接替病逝的前校长担任耶鲁大学校长。他接任校长之时正值美国古巴危机之后和越战前夕，紧张、不安的气氛笼罩着美国社会。此时的美国正酝酿着一场影响不亚于南北战争的，几乎使整个国家陷入

独特光芒

马丁·路德·金

分裂局面的革命。这场革命由三股力量推动着：以争取不同种族权利平等的民权运动；以争取妇女解放的女权运动，以反对越战为宗旨的反战运动等。美国的精英大学一方面在思想上对这些声势浩大的运动有启蒙作用，另一方面又不可避免要被卷入到运动的大潮中去。

金曼·布鲁斯特就任耶鲁大学校长的同一年，女权运动盛

行。金曼·布鲁斯特清醒地认识到男女合校乃大势所趋，于是彻夜不眠地与教职人员策划，在未与保守派控制的校董会商议的情况下便先斩后奏，决定于次年开始招收女生。《纽约时报》以《耶鲁如何选招第一届女生》为题高度评价了耶鲁校长的"临门一脚"，以及冒着和校董会决裂的风险果断摆平此事的大气魄。耶鲁大学的实践也为第二年哈佛和普林斯顿招收女生，实现了男女合校提供了样板。

和女权运动比起来，同时进行的民权运动更受金曼·布鲁斯特的关注。他一贯坚持的平等意识使他积极接受黑人的主张，并深深钦佩马丁·路德·金领导和平示威的理智和信念。在耶鲁大学校内他不失时机地发表了支持民权运动的言论。1964 年 6 月 15 日，他授予尚在关押期间的马丁·路德·金荣誉法学博士学位，并终生为此举而感到骄傲。此举引起"贵族传统"的保守校友会的强烈谴责，但他大声疾呼，唤醒所有耶鲁人的正义感，号召学子加入并推动社会进步的大潮，为徘徊中的耶鲁大学作出了明智的抉择。后来的耶鲁校长嘉马地曾称赞他为"当年最伟大的校长，或许也是人类有史以来最伟大的一位。因为他具有超人的智慧和勇气……"

值得注意的是，布鲁斯特校长也赢得了哈佛人士的肯定。其中尤以哈佛校长巴克在布鲁斯特葬礼中的发言最为中肯："身为耶鲁校长，他赢得了我们所有当校长的人的尊敬。我敬佩他，尤其因为他很成功地提升了他的大学的学术品质。对于他在混乱的 20 世纪 60 年代后期能够领导耶鲁顺利地过关一事，我感到敬畏。可以说，那种领导作风和那种杰出表现是其他学校比不上的……"

比起贵族气息较重的普林斯顿，耶鲁大学的校风似乎较为民主化。从前普林斯顿的学生常带私人的奴仆一起上学，但耶鲁反对这种作风。当然学校的校风是一直在变化的，后来普林斯顿增设许多专给贫穷学生的奖学金，令其他常春藤盟校争先效仿。耶鲁主张求学与现实世界不可

独特光芒

分割，因此学校的校园和市区的街道打成一片，难以分辨。有时看见一

普林斯顿大学

座具有古老欧洲风格的建筑物，被剥落颓败不太起眼的小商店包围着，会给人一种不太协调和美中不足的印象。学生初来耶鲁的时候，都很不习惯这种没有界线的校园。然而，经过一段时间的学习，学生们慢慢地就喜欢上了这种独特的校园。当你走在举世闻名的校园中时，却能享受"无名"的自由。那是一种驰骋想象的自由，也是一种随时随地不断品味、不断发现的自由。

独特光芒

住宿学院的开创

　　耶鲁大学在美国首创住宿学院，为学校的发展奠定了坚实的基础。耶鲁在早期还是一个非常小的学校。1773 年的耶鲁大学只有一个年级，共 36 人。不足半百的人数除了管理方便外，更让学生之间结成了密不可分的友谊，形成了一个亲密无间的集体。他们互相关心，互相帮助，吃住在一起更让学生在感情上情同手足。这样的感情正体现了耶鲁的灵

耶鲁大学的校园景色

魂——凝固精神。随着学校的扩建，学生也一天比一天多了起来。到了 1880 年以后耶鲁大学增加到每个年级 190 人，1900 年竟达到了 310 人。仅仅 15 年之后，每级学生就增至 450 人。对于一所力求发展的学校，

这样的发展是值得骄傲的，但随之而来的问题是在人数增多后，年级意识的削弱，这样的状况已不能够维护宝贵的"耶鲁精神"了。

20世纪20年代初，耶鲁学生的人数飞快增长，相伴而来的问题是食宿的困难与生活设施的短缺。

一直在关注耶鲁发展的斯蒂芬·V·哈克尼斯夫人慷慨解囊，出巨资开始修建哈克尼斯纪念方形学院。1918年，哈克尼斯纪念方形学院开始破土动工，工期为时两年。方形学院1920年对学生开放，但由于配套设施不健全，学生的宿舍虽然扩大了，吃的问题却没有办法解决，导致学生们不得不去各处找餐馆。甚至有的学生为了用餐方便，干脆搬进了民房。这样一来，不仅学校的住宿资源没有得到发挥，更严重的是，学校的盲目扩大，使得学校昔日的集体观念日益淡漠，"耶鲁精神"眼看就要失去往日的光辉了。

耶鲁大学

除了住宿问题，同样让领导者感到焦虑的是师生之间的关系日渐疏远。由于学校的扩大，课程也日趋复杂起来，耶鲁的学生们开始有选课的自由，很多不同年级的学生因为选了同一门课而坐在了一间教室里。这样的自由性使得耶鲁传统的以年级为单位的结构有瓦解的趋势，每个年级的学生因为彼此之间的接触越来越少，感情也随之越来越淡漠。同时，由于课堂人数的扩大，耶鲁的学生们也失去了像从前的学生一样享受由教授手把手辅导的待遇，教师也因为忙碌所以不能频繁地面对学生。领导者们知道，这样下去的后果是教师们不能直接从学生那里得到问题的反馈，进而在自己根本觉察不到的情况下慢慢丢掉对学生的责任感。教育除了在知识方面的灌输外，还应该有精神上的结合，教育应是是一种全方位的互动。对耶鲁现在的状况而言，这样的发展无疑是危险的。

为了解决这一窘境，耶鲁的领导、校友以及各方热心人士提出了无数的方案。有趣的是，耶鲁并不是唯一面对这一境况的学校，同样遭此问题的还有哈佛和普林斯顿。那段时间，这几所学校都作出了一个相同的决定，即减少招生人数。深受这一决定影响的是当年申请入学考试的学生，人数的限制使得竞争异常残酷，社会反响强烈，大多数人对学校的做法非常不满。看来，单单限制入学人数并不能从根本上解决这一问题。

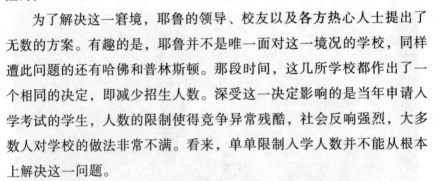

1902 年，哈佛的一位教授阿波特·劳伦斯·洛厄尔提出了一个实质性的建议——方形学院计划。这一计划的主要内容是建造吃住一体的学生宿舍，增强学生的集体意识。当阿波特当上校长之后，他将这一计划变成了现实，积极学生们修建了 4 栋宿舍，哈佛的情况有了较大的改善。

1925 年，耶鲁校长安杰尔决定参考哈佛的做法，在耶鲁实施"方形学院计划"。他建议美国学校可以像英国学校的做法一样，将学生按

独特光芒

年级或其他的类型分为几部分，分散地住在学校里，而不是继承耶鲁从前的传统，将所有的学生归在一起。虽然这样将学生们分开了，但总比如今的状况好得多。这一建议在呈交董事会以后，没有人提出反对意见，却也没有获得批准，因为要想把这一计划变为现实，首先需要的是大量资金，这对当时的耶鲁来讲是面临的最大困难。但紧接着，情况有了好转，令董事会及学校的领导人意想不到的是，一位叫爱德华·S·哈克尼斯的慈善家出现了，他愿意捐献巨款为耶鲁解决燃眉之急。条件是计划必须让他满意，并且耶鲁不能披露他的姓名以及捐款数额。

剑桥大学风光

爱德华·S·哈克尼斯是耶鲁1897级的毕业生，在毕业之后一直非常重视大学里学生们的心智发展，关心教育事业，在此之前他已在许多学校做了投资。

这一消息使得校长安杰尔喜出望外，但同样让他意想不到的事也发

独特光芒

33

生了。1927 年的春天，安杰尔在建筑师罗杰斯和朋友费希尔的陪同下，专程来到英国，参观剑桥和牛津大学，还饱览了沿途的风光。英国的建筑给他留下了深刻的印象，一幅耶鲁新校园的蓝图渐渐地在他的脑海里浮现了出来。但此时他万万没有想到，由于计划进展缓慢，以及建设图的初稿和一系列的计划并不能让哈克尼斯满意，这位慷慨的捐献者看中了哈佛正在修建中的住宿学院计划，决定将钱投资给哈佛。

这一突然的转变让耶鲁措手不及，还处在幻想中的人们一时间还没有来得及缓过神来，每个人都不敢相信这样一大笔钱竟然填进了哈佛的

哈佛大学风光

金库里。安杰尔校长受到了来自董事会及学校内部的双重压力，但这位自信的校长没有放弃自己的计划，决心扭转被动局面。他迅速召集人手，开始拟定第二个方案。在大家的共同努力下，一个几近完美的计划出炉了：每一所方形学院都配有食堂以及社交场所，能够容纳 200 至 250 名本科生。不仅如此，还有供高年级学生的居住之地。这样一来，学生们不仅有足够的场地举行各种活动，进而增进感情，而且再也不用为解决吃饭问题跑断腿了。

学校董事会选定了建设地址，建筑师罗杰斯还绘制了详尽的设计图，这一系列的补救行动终于打动了哈克尼斯的心。1930 年 1 月 3 日，他终于决定为耶鲁捐赠一笔巨款。后经证实，捐款数额达到了 1500 多万美元。这笔钱为耶鲁修建了 8 所住宿学院，为彻底解决住宿问题奠定了坚实的基础，也让其他相关困难迎刃而解。而耶鲁人最关心的渐渐流失的"耶鲁精神"也慢慢回来了。此后，耶鲁走上了快速发展的轨道。

独特的"教授会"

在美国的大学里流传着这样一句话："普林斯顿董事掌权，哈佛校长当家，耶鲁教授做主。"

在耶鲁大学建校初期，学校的托管人分散居住在不同的城市。他们除了只参加庄严的学位授予典礼外，大部分时间都在忙于世俗事务及各类教会的政务，将学校的管理全权交给校长。而对于校长来说，除了制定一些琐碎的纪律条文并由住在学校里的助教们负责监督执行外，只需要注重校长本身职位的威严就行了。这样的权力层层下放之后，就形成了耶鲁大学董事会不住校参与校务，由学校自治的局面。

耶鲁大学校园一景

1795 年，蒂莫西·德怀特出任校长。指定了 3 名教授组成"教授会"，作为智囊团共同商量学校大小事务。但是，他只善于发号施令，并且极为自负，处理问题也很少找"教授会"商量，德怀特由此一来，几乎垄断了学校的一切，他的独立使得"教授会"在建立初期有名无实。

德怀特退休后，杰力迈业·戴由"教授会"的成员晋升为校长继任者，继续开创这所学校的发展之路。

但是，又有令人不能预料的情况出现了。随着民主思潮的冲击，康州人对宗教的热情开始日渐淡漠，当冷淡的情绪波及学校时，矛盾爆发了，这是以新教教义为精神而建立的耶鲁无论如何也不能接受的。1817年，冲突最终升级。康州政府当然不可能容忍耶鲁一边用着自己的资金一边和自己大唱反调，于是康州政府当局制定了新的法规，一方面批准成立新的学校形成与耶鲁角逐的局面，一方面还中止了对耶鲁的资助。

耶鲁大学校门

学校各项工程因为资金的短缺被迫中止，在经济上刚刚有了点起色的耶鲁不得不向自己的毕业生求援。1827午，学校成立了校友协会，加强了与优秀毕业生的联系，拓展了自己的"外交"之路。在协会的帮助下，耶鲁筹集到了著名的森特姆·米利亚基金。由此，耶鲁发现了一条可靠的资金筹措之路。而在毕业生们看来，在进入上流社会之后风光地回馈母校，是享有无限荣耀的。接着，耶鲁开始了一系列的努力。1853年，学校修建了校友楼；1872年，学院换下了那6位挂名的高级董事，选出6名优秀校友加入；1899年，选举亚瑟·特文宁·哈德利（1876年毕业的文学学士）为董事长，他成为耶鲁历史上第一位无宗教信仰的董事长。

虽然耶鲁的这一次妥协依然还是违背了自己的建校精神，但随着社会的进步，学校也开始采取宽容的思想政策。这个开明的举措到了20世纪初，又有了更大的发展，耶鲁开始启用康州以外不信教的董事来替

独特光芒

36

代历来由康州牧师担任的角色。虽然董事会中的牧师在减少，但为了丰厚的资助，稍稍做一些突破，也是无伤大雅的。因为毕竟这是既能够让学校发展，又能够以"自立"的名义公布于众的最佳路线。

但是校长缺乏调配事情的能力，将所有的教授都当成可以商量的对象。于是"教授会"摆脱了校长专制，开始发挥了它应有的作用。这样的宽松治校到了杰力迈亚·戴的继承者西奥多·德怀特·伍尔希那里，又有了更明确的条文规定。伍尔希在任职期间将"教授会"作为制度固定了下来，并规定每增加一个研究生院或系，就增加一个"教授会"，由该院的院长或者系主任直接领导。

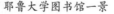
耶鲁大学图书馆一景

经过三代校长的努力，耶鲁逐渐形成了董事会不具体参与校务管理而由"教授会"治校的法规。这一规定受到了教授们的保护，因为作为最能够实际接触事务的他们，是绝对知道应该怎样开展校务工作的。由于教授有职有权，他们对学生的利益就会特别关心，对学院的名气尤

独特光芒

为重视，对教学质量的要求也颇为严格。原因很简单，这些最能表现其能力的方面是与他们的名誉息息相关的。耶鲁的这群治校学者们甚至直接提名和委派自己的接班人，这样宽容的治校风格逐渐传递下来，形成了"教授会立法，校长同意，董事会批准"的局面。

剔除了冗余的脱离教学的行政人员，也没有专门的行政大楼，这样独树一帜的管理使得耶鲁颇具人性化。与其他大学的行政人员相比，教授们会花费更多的时间与自己的学生相处，而联系工作等外事则基本上靠电话或午餐时间来进行。这样的良性管理不仅加强了师生间的交流，增强了学生们对教授的信赖。而教授们在充分发挥自己才干的同时，也更注重自己的一言一行、道德修养，这些举动不断提高着"教授会"的威信和声誉。

独
特
光
芒

神秘的"骷髅会"

在耶鲁大学校园中央的路边，有一幢三层全封闭的褐岩建筑，远看酷似一座希腊神庙，阴沉、森严而又神秘。它有一道铁门，面目狰狞却永远关闭着。经过这里的耶鲁学生总是怀着好奇的目光打量着这幢阴森的建筑。墙上用罗马字母拼凑成的铭言向人们昭示这样的哲学："谁是白痴，谁是智者？无论是乞丐还是国王，最后的归宿都是死亡。"

这座建筑建于 1856 年，距今已有一个半世纪的历史。作为耶鲁

耶鲁大学骷髅会

独特光芒

"骷髅会（颅骨会）"的固定会址，它在这里向人们诉说了耶鲁地下组织的悠久历史。

"骷髅会"建立于1832年，它是耶鲁大学神秘社团系统中的典型。这些社团最初只吸收本国的白人男性成员。从20世纪50年代开始，才吸收了一些黑人和犹太人入会。耶鲁共有7个社团，其中包括书蛇协会、伊莱体协会及齐利阿斯协会和狼头协会，但颅骨协会却总是喜欢吸引大人物入会，许多有权势的人都加入了这个社团。其中有作为院长的小维特尔、亨利·鲁斯、波特尔·斯图尔特、阿尔弗雷德·考尔斯、摩根·斯坦利公司的哈罗德·斯坦利、弗雷德里克·魏尔霍伊泽、亨利·斯适森、布什家族的生意合伙人埃夫罗尔·哈里曼、麦克乔治·邦迪、小威廉姆·邦克利，及校长威廉姆·霍华德·塔夫特等。

颅骨协会入会的每一位成员只要一进入该协会就被要求宣誓保密。在该协会大厅里，装饰着许多画像，还有许多雕塑品，它们反映了这个协会的风格。四面墙上挂着暗红色天鹅绒布，书架上、桌子上装饰着骷髅和骨头。

骷髅会

独特光芒

每年，15名新成员将被选入此协会，新成员都想尽办法掩饰自己曾在老会员前宣誓效忠，然后躺在棺材中讲述自己的性史。同时，他们也不再把那种20世纪60年代的信仰看得那么重了。也就是20世纪60年代时，会员们曾相信自己会收到15000美元的奖励，而且被拉塞尔信托协会邀请去参观这家公司位于圣劳伦斯河鹿岛的总部。

进入颅骨协会有时被称作是一种死后的再生，也被认为是走向成人圈子的通行证。有人说入会是"把统治阶级的后代们转变成新一代领导者"。协会内到处是装饰物、巫毒教的图像、中世纪开秘密会议用的绳结、一些数字及名字。在颅骨协会的经历更增加了那些易受影响的会员的严肃性，使人们感到那些过去兄弟会的年轻人现在已成长为大人。颅骨协会的文献中充满了口号：成为好人。"Bout"在拉丁语中意思是"好人"，该协会成员们的座右铭是"好人不多了"。整个入会的过程及那些礼仪都会激发会员的忠诚度，使他们之间有平等的信念。

威廉·亨廷顿·罗素来自于美国著名的罗素家族，这个家族拥有美国最大的鸦片走私集团——"罗素公司"，号称"鸦片帝国"。威廉·亨廷顿·罗素的堂兄就是"罗素公司"的大老板、鸦片贩子塞缪尔·罗素。

骷髅会图标

1831年，耶鲁大学学生威廉·亨廷顿·罗素像他的一些同伴一样，来到德国进修。这段短暂的学习他获得的最大收获是结识了一个名叫"颅骨会"的秘密会社的头目。这个会社其实是欧洲18世纪一个先知组织的派生

独特光芒

机构。罗素像着了魔一样，对这个会社的宗旨、会员精神以及严格的入会条件和组织方式发生了兴趣。

1832 年，回到耶鲁大学的罗素发现当时美国国内存在强烈的反共济会气氛，他感到十分不满，在经过详细的调查后，他纠集了同学阿方索·塔夫脱创立一个比耶鲁大学其他会社更加仪式化、更加秘密、更加提倡共济会社并以团结互助为宗旨的会社——"死神兄弟会"，亦称"颅骨兄弟会"，即美国版"骷髅会"。

"骷髅会"的会社标志是一个人类头盖骨和两节肢骨，上面撰写着"322"的阿拉伯数字字样，32 表示成立于 1832 年，后面的数字 2 表示是德国"骷髅会"的第二分会。该社信奉的偶像是海盗女神。他们赞同海盗行径，欣赏并致力于通过"阴谋"达到攫取国家权力、创造"世界新秩序"的目的。

1833 年罗素从耶鲁大学毕业，在当年的毕业典礼上他代表毕业生向大会致辞。后来成为康涅狄格州立法机构成员和该州国民警卫队的一位将军，并且在纽黑文成立了商业学院。耶鲁"骷髅会"并没有因为罗素的离校而解散，反而日益壮大。

耶鲁大学无疑是美国政治家的摇篮。在迄今为止的 43 位美国总统中，就有 6 位来自耶鲁大学。在美国各核心部门掌管权力的政治明星中，更有不少是来自耶鲁大学的。据统计，有 10 余位美国最高法院大法官都曾在耶鲁大学学习过，1789 年以来的美国内阁中耶鲁毕业生的比例占内阁成员总数的 9%。这些使得耶鲁与美国政治权力中心的关系变得异乎寻常，但这似乎并非出自耶鲁大学对培养政治领袖所具有的热情，玄机则隐藏于耶鲁校园的那个充满极致思维的秘密组织——颅骨会。

随着岁月的流逝，源自耶鲁大学的"颅骨会"已经成为美国最成功的秘密组织之一。从白宫、国会到内阁部门、中央情报局，"颅骨

独特光芒

会"成员可谓无所不在。美国要员在耶鲁的特殊背景使得早已蔓延出校外的"颅骨会"成为美国权力机关的一个"隐形帝国"。似乎有大量的证据表明，发生在美国现代政坛上的不少恶性事件与"颅骨会"有关。比如轰动一时的肯尼迪遇刺案、"水门事件"等，很多人猜测都是由"颅骨会"成员一手策划的。

肯尼迪

约翰·肯尼迪信奉天主教，被认为是"一个充满激情和梦幻色彩的自由主义者"，1960 年肯尼迪当选第 35 届美国总统。肯尼迪上任后大力改组白宫，扩大总统权力，并以"新边疆"政策力挽美国正在遭受的生产过剩和金融危机。肯尼迪总统的锐意改革措施令保守的"颅骨会"家族十分恼怒和恐惧。1963 年 11 月 22 日上午，肯尼迪总统夫妇为了化解民主党内部的矛盾，同时争取连任，来到得克萨斯州的首府达拉斯市视察和发表演讲。中午时分，当肯尼迪乘坐一辆敞篷轿车前往市区时，被早已埋伏许久的刺客们的狙击步枪子弹击中，肯尼迪在送往帕特兰海军医院半小时后与世长辞。

肯尼迪遇刺事件发生后，一些政治团体分析认为是"颅骨会"策划了这起惊天大案，因为"隐形帝国"的目的是"要制造美国政治肌体的外伤，制造美国民众的心智混乱和紧张情绪，借机破坏这个国家价值观的统一，妄图制造一个更加多元、更加混乱和迷惘、下坠的美国社

独特光芒

会"。

无独有偶，在后来的"水门"事件中，"颅骨会"的表现就更为嚣张。1969年初，尼克松入主白宫。这位新上任的总统逐渐看清了"颅骨会"的面目，为了打破"颅骨会"的政治垄断局面，巩固自己非"颅骨会"总统的地位，他重用基辛格作为忠实助手，周旋于各种政治集团之间，并借助于越南战争的失败，开始了对"颅骨会"会员的大规模清洗。肯尼迪首先从与"颅骨会"过往甚密的中央情报局开始下手，给出的冠冕堂皇的理由是中央情报局在越南战争的情报工作中有着不可饶恕的失败。由此"颅骨会"陷入了自成立以来的第一个低潮期。

"颅骨会"受到了如此沉重的打击，这个权倾天下的集团自然不会善罢甘休，它利用各种机会制造事端，尼克松为此也付出了惨重的代价。在这场政治斗争中，必须承认的是，尼克松高估了自己的政治势力。在1972年6月17日爆发的"水门事件"中，他因"提供伪证罪"而遭国会弹劾，被迫提前结束了自己的总统生涯。

"颅骨会"像是寄生在美国政治温床上的隐形病菌，它在美国政坛权力中伸展出的毒枝引起国内多种"政治黑死病"的流

尼克松

行。可以说，"颅骨会"是邪魔智慧的化身，是耶鲁大学成立300年来最荒诞可怕的梦魇。

独特光芒

伟大的历史时刻

自从150多年前我国先辈容闳留学耶鲁大学后，中国与耶鲁大学就结下了不解之缘。150多年后的2006年4月21日，中国国家主席胡锦涛访问耶鲁大学。

近些年来，中美两国领导人在积极进行互访，各自到两国的著名高校进行演讲已成为了惯例。如1997年11月，江泽民主席在美国哈佛大学发表演讲。1998年6月，美国总统克林顿在北京大学进行演讲。

克林顿

2002年2月，美国总统布什在清华大学发表演讲。2006年4月，我国国家主席胡锦涛在耶鲁大学发表演讲等。我国主席胡锦涛访问耶鲁，这是耶鲁大学有史以来规格最高的一次接待，甚至超出了布什和克林顿总统回母校时候的接待水平。耶鲁作了周密的安排，以显示我国高层领导人访问耶鲁的隆重。

耶鲁校长再三说，这是耶鲁的一个荣耀，这是一个最高的荣耀。耶鲁大学为了欢迎胡主席，真是不遗余力。耶鲁有一个特殊的权力，那就是可以有自己的警察，所以在校园里，平时是由耶鲁的警察自己来维护秩序的，但是这次为了接待胡主席的访问，并

独特光芒

确保这次访问万无一失，耶鲁大学还特地从纽黑文市和康奈迪克州借调了好几百个警察，这还不包括美国联邦政府派来的秘密警察，确实达到了三步一岗五步一哨的地步。

耶鲁到处在大搞卫生，像我们国内欢迎贵宾一样，在清扫街道，把胡主席要路过的几个地方，树丛里、草坪上，都作了一些精心的布置。学校有一两个礼拜都在然而大家都非常兴奋。

为了欢迎胡主席，学校想找几个学生来当志愿者，没想到三四百个同学强烈要求，希望能够有这个机会来担任这个志愿者。

这次来听取胡主席演讲的人是最齐全的，除了校董会所有的成员以外，耶鲁同学会执行委员会的成员都到场了。另外把对耶鲁进行重大捐赠的机构和个人的代表都请到了斯普拉格音乐厅，听取胡主席的演讲。同时，耶鲁各大专业学院的院长，各大系科的主任、知名的学者和教授都纷纷接到邀请回来。耶鲁的校长说，这是耶鲁300多年历史上最隆重的一次活动。

胡锦涛主席访问耶鲁大学之后，送给耶鲁大学1000多册图书，其中就包括了《新华字典》，这是世界发行量最大的书。还有我国的经典图书《辞海》《四书五经》等工具书。

《辞 海》

独特光芒

胡锦涛主席在耶鲁大学讲演之后，耶鲁举行了好几场专题研讨会。其中包括：耶鲁法学院对于中国的法制，有一个专题的讨论；耶鲁商学院就中美之间商贸的交流有一个专门的研讨会；耶鲁国际关系研究中心（墨西哥前总统担任主任的一个研究中心，在美国非常有名气）也举行了一系列的专题讨论会，来探讨胡锦

涛主席访问美国、访问完耶鲁大学之后，中美关系的发展趋势走向。

胡锦涛在耶鲁大学的演讲稿

尊敬的理查德·莱文校长、同学们、老师们、女士们、先生们：

首先，我感谢莱文校长的邀请，使我有机会来到世界著名学府耶鲁大学，同青年朋友和老师们相聚在一起。

进入耶鲁大学的校园，看到莘莘学子青春洋溢的脸庞，呼吸着书香浓郁的空气，我不由回想起 40 年前在北京清华大学度过的美好时光。学生时代，对人的一生都会产生重要影响。当年老师们对我的教诲，同学们给我的启发，我至今仍受用不尽。

耶鲁大学一景

耶鲁大学以悠久的发展历史、独特的办学风格、卓著的学术成就闻名于世。如果时光能够倒流几十年，我真希望成为你们中的一员。

耶鲁大学校训强调追求光明和真理，这符合人类进步的法则，也符合每个有志青年的心愿。300 多年来，耶鲁大学培养出一大批杰出人才，其中就包括 20 位诺贝尔奖获得者、5 位美国总统。美国民族英雄内森·黑尔是耶鲁校友，他的名言——"我唯一的憾事，就是没有第二次生命献给我的祖国"，曾深深感染了我和许多中国人。我衷心祝愿贵校培养出更多英才，为美国经济社会发展、为人类进步事业作出更大贡献！

独特光芒

长期以来，中美两国人民一直相互怀有浓厚的兴趣和友好的感情。中国人民欣赏美国人民的开拓进取精神，钦佩美国人民在建设国家中取得的骄人业绩。随着中国的快速发展和中美合作的不断拓展，越来越多的美国人也把目光投向中国，更加关注中国的发展进步。

了解是信任的基础。今天，我愿从中华文明历史流变和现实发展的角度，谈谈当代中国的发展战略和前进方向，希望有助于美国人民更全面、更深入地了解中国。

在5000多年的历史长河中，中华民族为人类文明进步作出了巨大贡献，同时也走过了曲折艰辛的道路。特别是从1840年鸦片战争以来的160多年间，中国人民为摆脱积贫积弱的境遇，实现民族复兴，前仆后继，顽强斗争，使中华民族的命运发生了深刻变化。95年前，中国

独特光芒

中国鸟巢风光

人民通过辛亥革命推翻了统治中国几千年的君主专制制度，为中国的进步打开了闸门。57年前，中国人民经过长期浴血奋斗实现了民族独立

和人民解放，建立了人民当家作主的新中国。28 年前，中国人民开始了改革开放和现代化建设的伟大历史进程，经过艰苦创业取得了举世瞩目的巨大成就。从 1978 年到 2005 年，中国国内生产总值从 1473 亿美元增长到 22257 亿美元，进出口总额从 206 亿美元增长到 14221 亿美元，国家外汇储备从 1.67 亿美元增加到 8189 亿美元，农村贫困人口由 2.5 亿人减少到 2300 多万人。回顾这 160 多年来中国发生的沧桑巨变，可以说，中国人民经过艰苦探索和顽强奋斗，既改变了自己的命运，也推动了人类的进步事业。

必须看到，中国尽管取得了巨大的发展成就，但仍是世界上最大的发展中国家，人均国内生产总值仍排在世界 100 名之后，中国人民的生活还不富裕，中国的发展还面临着不少突出的矛盾和问题。要彻底改变中国的面貌和改善中国人民的生活，需要继续持之以恒地艰苦奋斗。中国将在未来 15 年集中力量全面建设惠及十几亿人口的更高水平的小康社会。具体来说，就是要使中国国内生产总值到 2020 年达到 40000 亿美元左右，人均达到 3000 美元左右。使经济更加发展、民主更加健全、科教更加进步、文化更加繁荣、社会更加和谐、人民生活更加殷实。

为了实现我们的发展目标，中国根据本国国情和时代要求明确了自己的发展理念，这就是树立和贯彻以人为本、全面协调可持续发展的科学发展观，统筹城乡发展、统筹区域发展、统筹经济社会发展、统筹人与自然和谐发展、统筹国内发展和对外开放。更加注重解决民生问题，更加注重克服发展的不平衡性，更加注重解决发展中存在的突出矛盾，致力于走科技含量高、经济效益好、资源消耗低、环境污染少、人力资源优势得到充分发挥的新型工业化道路，推进经济建设、政治建设、文化建设、社会建设协调发展，努力实现生产发展、生活富裕、生态良好的文明发展格局。

科学发展的理念，是在总结中国现代化建设经验、顺应时代潮流的基础上提出来的，也是在继承中华民族优秀文化传统的基础上提出来的。

独特光芒

独
特
光
芒

　　中华文明是世界古代文明中始终没有中断、连续5000多年发展至今的文明。中华民族在漫长历史发展中形成的独具特色的文化传统，深深影响了古代的中国，也深深影响着当代的中国。现时代中国强调的以人为本、与时俱进、社会和谐、和平发展，既有着中华文明的深厚根基，又体现了时代发展的进步精神。

　　中华文明历来注重以民为本，尊重人的尊严和价值。早在千百年前，中国人就提出"民惟邦本，本固邦宁""天地之间，莫贵于人"，强调要利民、裕民、养民、惠民。今天，我们坚持以人为本，就是要坚持发展为了人民、发展依靠人民、发展成果由人民共享，关注人的价值、权益和自由，关注人的生活质量、发展潜能和幸福指数，最终是为

中国沿海城市

了实现人的全面发展。保障人民的生存权和发展权仍是中国的首要任务。我们将大力推动经济社会发展，依法保障人民享有自由、民主和人

权，实现社会公平和正义，使 13 亿中国人民过上幸福生活。

中华文明历来注重自强不息，不断革故鼎新。"天行健，君子以自强不息。"这是中国的一句千年传世格言。中华民族之所以能在 5000 多年的历史进程中生生不息、发展壮大，历经挫折而不屈，屡遭坎坷而不馁，靠的就是这样一种发愤图强、坚忍不拔、与时俱进的精神。中国人民在改革开放中表现出来的进取精神，在建设国家中焕发出来的创造热情，在克服前进道路上的各种困难中表现出来的顽强毅力，正是这种自强不息精神的生动写照。

中华文明历来注重社会和谐，强调团结互助。中国人早就提出了"和为贵"的思想，追求天人和谐、人际和谐、身心和谐，向往"人人相亲，人人平等，天下为公"的理想社会。今天，中国提出构建和谐社会，就是要建设一个民主法治、公平正义、诚信友爱、充满活力、安定有序、人与自然和谐相处的社会，实现物质和精神、民主和法治、公平和效率、活力和秩序的有机统一。中国人民把维护民族团结作为自己义不容辞的职责，把维护国家主权和领土完整作为自己至高无上的使命。一切有利于民族团结和国家统一的行为，都会得到中国人民真诚的欢迎和拥护。一切有损于民族团结和国家统一的举动，都会遭到中国人民强烈的反对和抗争。

中华文明历来注重亲仁善邻，讲求和睦相处。中华民族历来爱好和平。中国人在对外关系中始终秉承"强不执弱"、"富不侮贫"的精神，主张"协和万邦"。中国人提倡"海纳百川，有容乃大"，主张吸纳百家优长、兼集八方精义。今天，中国高举和平、发展、合作的旗帜，奉行独立自主的和平外交政策，坚定不移地走和平发展道路，既通过维护世界和平来发展自己，又通过自身的发展来促进世界和平。中国坚持实施互利共赢的对外开放战略，真诚愿意同各国广泛开展合作，真诚愿意兼收并蓄、博采各种文明之长，以合作谋和平、以合作促发展，推动建设一个持久和平、共同繁荣的和谐世界。

独特光芒

独
特
光
芒

中美都拥有辽阔的国土，都是多个民族并存、多种文化融合的国家，都生活着勤劳智慧的人民。中美因不同的历史背景和现实国情而存在着差异，这有利于我们相互借鉴，取长补短。中美加强合作，符合两国和两国人民的根本利益，对世界的和平与发展也具有重大影响。

200多年来，浩瀚的太平洋并未阻断中美两国人民的交流合作，中美两国人民相互学习、相互帮助，谱写了世界不同文明相互借鉴的美好篇章。1979年中美建交27年来，两国关系曾历经曲折，但总体上保持了稳定发展的大方向，给两国和两国人民带来了巨大利益。

进入21世纪，国际形势继续深刻变化。和平与发展仍然是当今时

太平洋风光

代的主题，但不稳定不确定因素在增多，新挑战新威胁在增加。在新的国际形势下，中美两国共同利益在增多，合作领域在扩大。世界和平与安全面临的新课题，特别是反对国际恐怖主义、防止大规模杀伤性武器扩散、保护人类生存环境、打击跨国犯罪等，使我们两国拥有重要的共同战略利益。中国的巨大市场和发展需求，美国的先进科技和优质产

品，使两国具有巨大的经济技术合作空间。中美全面发展建设性合作关系前景广阔。

我同布什总统就中美关系及共同关心的重大国际和地区问题深入交换看法，达成了许多重要共识。我们都认为，双方应该坚持从战略高度和长远角度审视和处理中美关系，加强对话，扩大共识，增进互信，深化合作，全面推进 21 世纪中美建设性合作关系。

我相信，只要我们从中美关系发展的大局出发，彼此尊重，相互理解，两国关系就能够健康稳定地向前发展，给两国人民带来更多利益，给世界各国人民带来更大希望。

一个音符无法表达出优美的旋律，一种颜色难以描绘出多彩的画卷。世界是一座丰富多彩的艺术殿堂，各国人民创造的独特文化都是这座殿

布什总统

堂里的瑰宝。一个民族的文化，往往凝聚着这个民族对世界和生命的历史认知和现实感受，也往往积淀着这个民族最深层的精神追求和行为准则。人类历史发展的过程，就是各种文明不断交流、融合、创新的过程。人类历史上各种文明都以各自的独特方式为人类进步作出了贡献。

文明多样性是人类社会的客观现实，是当今世界的基本特征，也是人类进步的重要动力。历史经验表明，在人类文明交流的过程中，不仅需要克服自然的屏障和隔阂，而且需要超越思想的障碍和束缚，更需要克服形形色色的偏见和误解。意识形态、社会制度、发展模式的差异不应成为人类文明交流的障碍，更不能成为相互对抗的理由。我们应该积

独特光芒

极维护世界多样性，推动不同文明的对话和交融，相互借鉴而不是相互排斥，使人类更加和睦幸福，让世界更加丰富多彩。

　　文化、教育和青年交流是中美两国人民增进相互了解和友谊的重要桥梁，也是推动中美关系健康稳定发展的重要力量。耶鲁大学是中美教育合作的先行者和文化交流的重要平台。156年前，一位名叫容闳的中国青年走进了耶鲁大学校园，4年后他以优异的成绩获得了文学学士学位，成为毕业于美国大学的第一个中国留学生。此后，一批又一批中国青年来到耶鲁大学求学。近20年来，耶鲁大学吸引了4000多名中国留学人员，同中国文化界、科技界、教育界的合作项目超过80个。去年夏天，耶鲁大学派遣首批学生到中国实习，其中一些人成为中国故宫博物院的第一

故宫博物院

批外国实习生。借此机会，我对莱文校长和耶鲁大学为增进中美两国人民的交流所做的积极努力表示赞赏。

　　为增进中美两国青年以及教育界的相互了解，我高兴地宣布，中方决定邀请100名耶鲁大学师生今年夏天访问中国。我相信，你们的访问将是一次十分愉快的经历。

　　长江后浪推前浪，世上新人换旧人。青年人是世界的希望和未来，青年人有着蓬勃向上的生命活力和无穷的创造力。我衷心希望，中美两国青年携起手来，以实际行动促进中美两国人民友好，同世界各国人民一道，共创世界美好的明天。

独特光芒

政治精英

民族英雄内森·黑尔

在爬满常春青藤的耶鲁校园，至今传颂着一句名言："我唯一的憾事是没有第二次生命献给祖国。"这句铿锵有力的话出自一位耶鲁校友之口。至今，他仍是耶鲁乃至美国人民的骄傲，他的铜像一直矗立在耶鲁的校园里供所有的学子瞻仰。他就是美国历史上著名的民族英雄——内森·黑尔。

内森·黑尔

1755 年，内森·黑尔出生于美国一个叫考文垂的小镇。少年的时光总是如流水一般飞逝。1773 年，18 岁的黑尔从耶鲁毕业，来到康涅狄格州的新伦敦村，成为一所学校的校长，教这个镇上的男孩子们读书。当时女孩子还不能接受教育。但是，在黑尔的坚持下，镇政府才勉强同意让女孩子接受教育，但男女必须分开。

为了让男女学生都有充足的学习时间，这位年轻英俊的校长

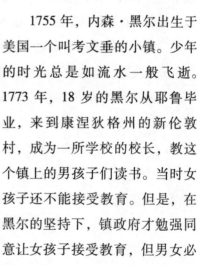

政治精英

在还未拂晓的时候，就开始生炉火，打扫教室。早上5点，几十名女孩子就已经在位子上坐好，用清晰甜润的声音开始齐声背诵拉丁语的课文。

在这个镇子上的每一个人都非常尊敬内森，许多年轻的女子更是倾心于他，不单因为他是耶鲁的高材生，还因为他开朗和热情的个性。

耶鲁在运动方面的良好教育使得18岁的内森犹如雄鹿般健壮，他可以在威利曼蒂克河的激流中逆水游一英里，他还可以从成行的三个圆筒里跳进跳出，另外他还是一位名副其实的神枪手。对镇上的男孩子们来说，他简直就是一个古典式的英雄，像古希腊神话故事里的人物一样，具有精明的头脑和健壮的体魄。

1775年9月，英国的军队开始镇压殖民地人民的起义，战火烧到了波士顿。当时，美利坚只是一个由零星殖民地组成的广阔大陆，还没有组成国家。在黑尔的信念中，他所忠于的，是大学时代就在他头脑中闪耀的，如今正传播在革命之中的一系列民主思想。正是依靠这些信念，黑尔毅然决定投笔从戎，成为康涅狄格第七军团第三连的黑尔中尉。

当春季冰雪消融的时候，大陆军将英军赶出了波士顿，然而内森所在的部队并没有参加一线的战斗，他们被当作预备队留在了后方。此时，内森因为出色的指挥头脑已荣升为上尉。他跟着大部队转移到了纽约并就此驻扎下来。在内森看来，纽约意味着一个更为活跃的舞台，他不由得兴奋起来，摩拳擦掌准备随之而来的战斗。在此后的几个月，他们一直在等待敌军运送增援军的消息，一旦消息确实，内森所属的这个预备部队将会开赴第一线。

年轻的内森上尉找到了一家废弃的工厂作为士兵们的驻扎基地，每天进行一系列的战斗训练，以便为即将到来的严峻战争作准备。闲暇时，他会想起自己在耶鲁和平快乐的大学时光。而更多的时间，内森还挂念着心爱的女人，脑子里涌现的是战斗的胜利，还有梦想中的家他在给心爱的女人的信中写道："我的心儿正飞向你……"

"在有关人类事务的发展过程中，当一个民族必须解除其和另一个民族之间的政治联系，并在世界各国之间依照自然法则和上帝的意旨，接受独立和平等的地位时，出于对人类舆论的尊重，必须把他们不得不独立的原因予以宣布。"1776 年 7 月 4 日，《独立宣言》上的豪言壮语响彻了整个美利坚。

签署《独立宣言》

美国宣布独立了，但还有不少地方仍旧处于水深火热之中。耶鲁、哈佛的年轻人也纷纷奔赴战场，所有人都在为新生的国家而浴血奋战。此时，内森·黑尔和他的士兵们正在纽约的海边列队待命，这个令人振奋的消息对内森来说，是肯定了他在未来生活中对自由和幸福的追求。内森和他的战士身上又被赋予了神圣的任务——保卫这个新生的国家，保卫无上崇高的《独立宣言》。

《独立宣言》的呼喊声越过大西洋海峡，震惊了大不列颠帝国的朝野，他们即刻集结了一支军队，其规模超过以往派到国外的任何军队。

政治精英

在执行一次侦察任务时，内森·黑尔近距离观察了长岛海岸对面塔斯岛上英军的部署。这一庞大的部队里不仅包括了英国最精锐的军团，还有从欧洲最有军事头脑的公国中调来的 9000 名受过职业训练的军人，他们被称作黑森雇佣军，是英国从 3 个赤贫的德国王侯那里招来的雇佣兵，指挥这支军团的是当时英国的将军威廉·豪。

英国在大规模地准备战斗，美利坚也在积极应战，不但对英国军队正面反击，也开始进行深入敌军的内部活动。那一年的夏天，黑尔上尉执行了一个又一个大胆的任务，包括收集情报，破坏性地袭击地方补给船以及搜捕充当英国间谍的王党人员等等。机敏的黑尔在进行这些暗处的战斗时显得游刃有余，给了英军以极大的打击。很快，内森的精明强干就引起了华盛顿参谋人员的注意。不久，他成了被称为诺尔顿突击队——一支小型特种部队的成员。这个小型的特种部队主要受命侦察英军

曼哈顿风光

前哨、执行秘密任务和进行暗处的破坏活动，是一支高度灵活的部队。特种部队的成员皆为百里挑一的精英，他们直接向司令部负责，每一个

政治精英

人都独立作战，甚至可以以一当十。内森也慢慢感觉到，在这场战争中，到了这一刻，他才算真正进入了角色。不过，这个工作也让他时时处于危险之中，每一分钟都有被敌军发现甚至丧命的可能。

8月末是一年中最闷热潮湿的时候，英军选择了在这个月进行正式的大规模进攻。大批的军队开始在长岛登陆，守军因寡不敌众节节败退。大陆军在这里饱尝了英国舰队密集的炮火以及受过正规训练的敌军的包抄的痛苦，而更为残酷的是黑森雇佣军的短刺刀，瞬间就可以割断人的喉管，置人于死地。一时间，厮杀声、哀号声遍布长岛的每个角落，全岛弥漫着浓重的血腥气味，满地是惨不忍睹的尸体。大陆军边战边退，人数越来越少，艰难地借着大雾的掩护渡河撤退到曼哈顿。

这一战役给了新生的美利坚以沉重的打击，很多意志不坚定的人开始退却，全军面临着被分列、包围、诱降、摧毁的危险。陆军总司令华盛顿决定将司令部转移到曼哈顿另作打算。此时，大陆军的生死悬于一线。一天早晨，陆军总司令华盛顿作出了一个重要的决定，从诺尔顿突击队中派一名志愿者，深入敌后进行为期一周的谍报任务。在这场实力悬殊的战争中，华盛顿深深地意识到，只有避免正面接触，进行出其不意的攻击，才有可能保存实力。此时，他迫切需要一名可以信赖的谍报人员。这个命令传达下来后，每一名突击队员都沉默不语，因为那不仅意味着单身面对敌军，而且在必要情况下，还必须放弃作为一名士兵的权利，这对任何一个属于美利坚的灵魂来说，都是一种煎熬。依照战争惯例，"不得命令任何一名士兵执行这种任务"，所以必须有人志愿接受这项任务。到了晌午时分，一个脸色苍白的年轻人走进了会议室，此时的内森·黑尔患上了军中正流行的热病。虽然此时的身体非常虚弱，但是当他听到这次间谍任务时，仍然义无反顾，自告奋勇地要求"独闯虎穴"。他把这次任务看作自己应尽的爱国责任。内森的很多好朋友私下劝说他不要逞一时之勇，最起码应该先把身体养好了再说，但内森对

自己的选择义无反顾,"我希望能够对独立事业有所贡献。任何对公众利益而言必须的服务都是光荣的。"这是黑尔当时对试图劝说他放弃任务的好朋友威廉·赫尔上尉所说的话。第二天,内森被招到了华盛顿的司令部。在担任司令的这一年中,华盛顿将军深深地认识到,在这支特种部队军队中,其中混杂着半途而废者,有叛徒、有懦夫、有卑鄙小人。当然,他更看到许多战士表现出的让人难以置信的勇敢行为。华盛顿平静、慈祥地握住内森的手,嘱咐他务必小心,然后讲述了这次任务的重要性,并分析了每一个可能发生的情况。在华盛顿的心里,当然不愿把这么优秀的年轻人送到可能和刽子手相会的地方,但是,更多人的生死与共和国的命运正危在旦夕。

政治精英

华盛顿

1776 年 9 月 16 日,作为美国有史以来的第一位谍报人员——内森卸下所有能表明他身份的东西,与朋友一一道别后,就消失在了敌占区。

在同样的时间里,威廉·豪将军正怒不可遏,在他的日程表里,原本精心计划在 10 月中旬歼灭曼哈顿的叛军,然后争取在第一场雪前,悄悄地移师纽约。然而现在,在他的眼前,叛军撤离的城镇正在被大火吞没,英军已很难找到下一个驻扎地。豪将军坚信这是一场完完全全的蓄意破坏!这座城市正在被大陆军的间谍有计划地焚烧。于是,他开始下令军队注意每一个陌生的面孔。

换上平民装束以后的内森,穿过康涅狄格的诺沃克后到达长岛,秘

密潜入敌后。由于没有接受过间谍培训，内森就轻易地被英军少校罗杰斯盯上了。罗杰斯是一名有着丰富经验的军人，曾在法国与印第安人的战争中率领一队训练有素的巡逻骑兵屡立战功。罗杰斯刚刚逃脱美国人的囚禁，在长岛为英国人征募士兵。据蒂法尼描述，罗杰斯已经对内森观察了数天，怀疑他是间谍。为了进一步核实，罗杰斯寻机与他谈话，交流对战争的看法。罗杰斯设法使内森相信他们两人同为"大陆军"服务，罗杰斯的任务是摸清民众的倾向以及英军的调动情况。毫无戒备心的内森则把自己的任务告诉了罗杰斯，并接受他的邀请前往其住处共进晚餐。在那里，罗杰斯与他的几个朋友开始了同样的谈话。就在晚餐气氛热烈的时候，一群英军士兵包围了他们，并且立即逮捕了内森。

9月21日的晚上，一个双手反绑的美国人被带进了豪将军的司令部，只是还没有任何证据证明他是一个间谍。威廉·豪将军狠狠地盯着眼前这位年轻人，嘴角带着轻蔑的笑。豪将军透过俘虏的蓝眼睛发现的是诚实，毫无狡诈可言。豪将军的手下一遍又一遍地检查了这个人携带的图纸，没有发现任何值得怀疑的东西，豪将军本人亲自又进行了一次搜查，旧皮包被掏空了，里面除了一个拉丁文教学笔记外，什么也没有，那上面是份潦草的提纲，记述着恺撒发动攻打高卢战役时枯燥的讲话，上面散布着很久世纪以前，罗马军队进行过的战役的草图。

恺 撒

豪将军对这些草图发生了兴

趣，经过细致的观察，他终于看出了其中的异样——这些草图竟与本地英军的部署丝毫不差，里面包括了整个的防御工事，军舰、炮兵、部队调遣和进攻路线，兵力分布和武器装备均详细准确地记录了下来。这本"笔记"使内森的间谍身份暴露无遗。

在威廉·豪将军看来，一个人如果能充当间谍，就有机会被说服成为双重间谍。于是，他给眼前的这位年轻人提出了这个建议，这样他便可以避免死亡。但对内森来说，这丝毫没有用处。劝降没有实现，威廉·豪将军没有进行审判就怒气冲冲地下了判决，决定第二天早晨对内森执行绞刑。

第二天的清晨，内森被带到了一个苹果园，园里的果子都还没有摘，在初升的太阳底下闪闪发光。这一天是安息日，但教堂的钟声没有响起，因为那里的黄铜已经被溶化掉用来做大炮了。远处纽约城还冒着浓烟，战争还没有结束，但是内森却再没有机会报效国家了。一群英国

政治精英

绞架

的参谋官聚集到刑场看绞刑，他们进行了打赌，更多的人认为内森最终

会不顾一切地恳求，像一个懦夫那样为他年轻的生命讨饶。瞬间的静寂之后，这个即将赴死的年轻人用平缓的声音说："我唯一的憾事是没有第二次生命献给祖国。"随后，他从容地登上了绞架。当事者回忆说，他"死得极为尊严"。

如今，耶鲁的那尊内森的铜像如同历史的见证，即使很多年过去了，很多人站在铜像前，依然可以感受到内森·黑尔脸上的从容镇定与视死如规的气势。

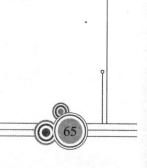

政 治 精 英

总统的摇篮

美国第 41 任总统乔治·布什

乔治·布什，美国第 41 任总统，1924 年 6 月 12 日生于马萨诸塞州密尔顿。父亲普雷斯科特·布什曾是国会共和党参议员。1942 年，乔治·布什从马萨诸塞州菲利普斯学校毕业。他是高年级学生会的主席、

校垒球队长和橄榄球队长，并且收到了耶鲁大学的入学通知书。但是，当时美国已经进入战争。布什没有去耶鲁，而是去海军报了名，于是进入了海军预备役飞行训练。1943 年 6 月布什获得海军少尉军衔，成为当时海军最年轻的飞行员，被派在太平洋舰队任轰炸机驾驶员。

1944 年 9 月 2 日在执行一次轰炸日占岛屿的作战任务中，飞机被击中坠毁，机上其他两名飞行员阵亡，布什跳

乔治·布什

伞落在海里竟然毫发无伤。他运气很好，不但未被附近岛上的日军俘获，而且很快被一艘路过的美国潜艇救起。二战中，布什经历了多次死

亡的考验，三次荣获空军勋章，并因"英雄主义和超常成就"赢得一枚卓著的"飞行十字勋章"。

战争结束后，乔治·布什圆了自己的大学梦，他进入耶鲁大学主修经济。1948 年，布什从耶鲁大学毕业。在校期间曾布什以优异的成绩获得美国大学优等生联谊会金钥匙奖。1953 年布什与人合创扎帕塔石油公司，1956 年开办扎帕塔沿海石油公司，并任总经理，并在 1962 年任董事长。布什用 12 年的时间，成为了百万富翁。1964 年布什竞选参议员失败，1966 年当选国会众议员，是众议院筹款委员会重要成员。1971—1972 年任美国驻联合国首席代表，1973—1974 年任共和党全国委员会主席，1974—1975 年任美国驻中国联络处主任，1976—1977 年

政治精英

1989 年乔治·布什访问中国

任中央情报局局长，后在赖斯大学任教。1980 年布什竞争总统候选人

失利，但被里根选为副总统候选人。1988 年布什击败民主党总统候选人杜卡基斯，入主白宫，成为美国第 41 任总统。

出任总统后，布什采取了一系列外交举动，为全世界所瞩目。他积极支持苏联东欧国家的民主运动，对国际恐怖活动和地区霸权主义采取强硬态度。1990 年 8 月伊拉克吞并科威特后，布什调集大批美军进行了一场二战后最大规模的军事行动—海湾战争，赢得了广泛的国际声誉和国内支持。在内政上布什继续推行里根政府的经济政策，但并没能使美国摆脱经济困境，经济问题引起选民越来越多的不满。1992 年 11 月初的大选中，布什被民主党人克林顿击败，1993 年 1 月 20 日卸任总统一职。

沉浸在美国领导全球走向新秩序的伟大梦想中的布什，没想到在竞选连任总统时会败给二战后出生的克林顿。布什不相信肯尼迪时代的神话，他更相信自己外交政策的得分能够赢得选民对他经济政策的理解，但他错了。一心思变的美国人说：布什结束了冷战，他随着冷战的结束而消失是顺理成章的。美国需要变革，他们当然选择了打着"变革美国"旗号的克林顿。

基辛格

政治精英

布什任期内的中美关系处于一个特别时期。1989 年之后，中美政策一时不令成为美国国内争论的焦点，更成为了总统与国会对抗的导火线。争论和对抗的根本原因来自现实主义与理想主义的冲突。布什是在尼克松时代开始其外交生涯

的，深受尼克松的实力政治原则的影响。而布什的一些高级官员，如斯考克罗夫特和伊格尔伯格都曾是基辛格的助手。现实主义的原则是：伦理应该让位于国家利益，秩序重于理想，战略利益重于意识形态差异。

作为总统，布什亲自负责和过问具体的对华政策，这是卡特政府和里根政府没有过的现象。他还专门就中国问题举行新闻发布会，向公众解释他的对华政策，这种做法在美国是不同寻常的。布什曾多次向国会表明，他很了解中国，要全面负责对华政策的制定，要享有制定对华政策的灵活性。应该说，他这种意愿和决心在与国会的冲突中充分地表现了出来。

布什就任总统期间，是世界历史的一个转折时期。苏联和东欧巨变，使雅尔塔体制和平地退出了历史舞台，美国的实力虽然已不处在巅峰状态，甚至已经明显地衰落了，但由于苏联这个超级大国离开了国际舞台的中央，美国成了唯一的超级大国。舆论界称布什为结束冷战的英雄，为此有人一直提议应将诺贝尔和平奖颁发给布什。毫无疑问，布什会成为美国史册上重要的一章，而不只是一个简单的词条，他的名字会被载入20世纪全世界的教科书中。

美国第42任总统比尔·克林顿

1946年8月19日，美国一个叫弗吉妮亚的女人在阿肯色州霍普市生下一个男婴。这男孩由于早产两周，出生时比较瘦小，只有6.2磅重，取其父名叫威廉·杰斐逊·布莱恩第三。其父在他出生前3个月就因车祸身亡，他沿用生父的姓氏直到15岁。4岁时，母亲与第二个丈夫结婚。当时谁都想不到这位从未与父亲谋面的命运多舛的小男孩会在几十年后当选为美国总统。他就是比尔·克林顿。

对克林顿少年时影响最大的无疑是他的母亲。她曾经历经沧桑，却

政 治 精 英

总是不怕挫折，乐观向上。母亲与他经常在一起阅报，讨论问题，引导他提出自己的看法。他从小就认为美国黑人学生所受的待遇不公平，对黑人民权领导人马丁·路德·金钦佩备至。

比尔·克林顿

克林顿从小学起就一直是个品学兼优、情感丰富的学生。他勤奋好学，兴趣广泛，思想活跃，力求拔尖，在学习中总是处在一种争强好胜的兴奋状态之中。克林顿从小就爱独立思考，关心社会问题。9 岁时，他在报上读到一篇关于阿肯色州的学校在全国教育评分中得分最低的报道文章，心情很不平静。他问母亲："妈妈，阿肯色州出生的孩子的脑袋与其他州孩子的脑袋不一样吗？"这篇报道对幼小的克林顿刺激很大，促使他更加发奋地学习。多年以后，克林顿当上了阿肯色州的州长，他下决心首先要解决阿肯色州文化教育水平落后的问题，让每一个阿肯色州的孩子都能接受良好的教育，这也是他一直以来的夙愿。

1963 年，克林顿在高中学习期间，被选为阿肯色州童子军代表赴首都华盛顿出席全国童子军代表大会。他有幸参观了白宫，并受到肯尼迪总统的接见，此行对他人生道路的选择起了重大的转折作用，从此他决心投身政治。1964 年克林顿高中毕业后考入乔治敦大学，主修国际政治专业，曾担任大学学生会主席并协助联邦参议员威廉·富布赖特工作。他认为选择国际政治系，是未来步入政坛的捷径。1968 年，克林顿大学毕业，获国际政治学学士学位，并考取罗了兹奖学金赴英国牛津大学学习。在英国学习期间，他集中精力，勤奋苦读，阅读了 300 多部

政治精英

专著，并对英国的政治制度和内外政策进行了认真的考察和研究。1970年，他考入美国耶鲁大学法学院。不过，在耶鲁克林顿却时常逃课，经常要忙于一系列的政治活动，或者去做一些临时兼职。

克林顿

1973年8月，克林顿获得耶鲁大学法学博士学位，他希望从此进入政坛。从此，他以阿肯色州作为自己的基地，稳扎稳打地一步步求发展。1976年，克林顿出任阿肯色州司法部长。1978年至1980年克林顿任阿肯色州州长，1982年至1992年又连续5次担任州长。任州长期间，克林顿在推动州教育改革和实施经济发展计划方面取得了很高成就，被选为美国南部经济发展政策委员会主席，兼任全美州长联席会议主席，并曾协助总统主持国家最高教育当局的工作。1990年，克林顿被选为民主党最高委员会主席。

政治精英

1991年10月3日，克林顿正式宣布竞选民主党总统候选人。1992年11月3日，克林顿在大选中以压倒性优势获胜，击败他的耶鲁校友乔治·布什，当选美国第42任总统，实现了他29年前萌生的夙愿。

在克林顿的连任竞选中，克林顿乘坐轿车穿越了8个工业州，并在沿途经常停车发表演说。在演讲间隙，他仍然时常吹奏随身携带的萨克斯管。在圣莫尼卡海滨的洛斯饭店阳台上为选民吹奏萨克斯管时他有这样一个动作：克林顿在演奏中，接过搭档保罗·贝格拉递过来的墨镜，

然后顺手戴上。于是，在第二天全国各地报刊的头版上，出现了身材高大、戴着宽边墨镜、吹奏萨克斯管的总统形象，这让选民们充分领略了总统友善、迷人的一面。

克林顿在执政期间政绩卓著。他的政府领导美国走出了经济低谷，并创造了连续8年增长的奇迹。在稳定传统支柱产业的同时，克林顿政府积极鼓励高科技发展，致力开拓世界市场。美国的股票市值自克林顿上台以来翻了一番，美国的失业率降低到了第二次世界大战以来的最低点。美国社会的犯罪，特别是暴力犯罪率持续下降，国家呈现一片国泰民安的景象。无数的民意测验表明，大多数美国人民为自己和国家的经济状况感到十分满意。

克林顿思想开明，善于接受新鲜事物。他采纳了以副总统戈尔为代表的环境保护主义者的意见，确立了十几个国家级的自然保护区，为子

白　宫

孙后代保护繁衍生息的家园。1993 年他刚入主白宫时，互联网技术正大规模地兴起，取代了传统的通讯方式。克林顿以他对新生事物特有的敏感性，接受了新技术的挑战。在他当政的最初几年里，白宫的年轻人把总统府的通讯设备彻底翻新，白宫各部门都上了 Internet。

1997 年 1 月 20 日中午 11 点 30 分（美国东部时间），再次当选为美国总统的克林顿宣布就职。与以往任何一个国家、任何一次"登基大典"都不同的是，这次克林顿开了一个先河，其就职演讲首次通过 Internet 向全球现场直播。克林顿也成为世界上第一位通过 Internet 展现登基风采的国家元首。

但成也萧何，败也萧何，Internet 让克林顿出尽风头，也让克林顿吃遍苦头。1998 年 8 月，美国独立检察官斯塔尔将克林顿与白宫前实习生莱温斯基的性丑闻报告送上 Internet，这事是让大力倡导政府上网的克林顿所始料不及的。

在耶鲁大学那古色古香的图书馆里，克林顿认识了后来成为他妻子的女同学希拉里，几次不期而遇，两人心心相印，最后终于结为连理。

政 治 精 英

在克林顿离开总统宝座之前，美国的一些民意测验显示赞成他政策的人竟占美国总人口的 70% 左右，比当年里根总统的威望还高。这是使许多保守派共和党人哭笑不得的事情。虽然，如今克林顿已经卸任了，但他对人们的影响，他自身的魅力，却无时不在影响着人们。

美国第 43 任总统乔治·沃克·布什

2001 年 1 月 20 日，乔治·沃克·布什，宣布就任美国第 43 任总统。1946 年 7 月 6 日布什出生，他在美国的得克萨斯州的米德兰和休斯敦长大，其父为美国前总统乔治·布什，弟弟杰布·布什为佛罗里达州州长。

乔治·沃克·布什

小布什从小就不是人们心目中的"好孩子"。人们多看他一眼不是因为他与众不同，而是他身后有强大的布什家族支撑。上中学时，他的成绩不好，而他本人则好玩、喜欢恶作剧，且一见到书本就头痛。

1964 年秋，小布什成为耶鲁大学的新生，被分配到上了年头的"老校区"居住。因为同学都是从安多佛来的缘故，他与克雷·约翰逊、罗伯特·迪亚特共住一室。克雷来自华兹堡，而迪亚特则来自佛罗里达州尤斯蒂斯的一个小镇，其父是医生。他们最初在一起时，迪亚特与约翰逊在不断分配房子空间，小布什则跨出房间"走出去，到校园里结识朋友，不到几天，校园里大部分人都晓得他是谁了"。迪亚特，外号"德国鬼子"，在读大学预科时与小布什一同为学校的橄榄球队效力。他们彼此吸引，不仅因为他们都来自东北，并且因为他们都感到对方十分有教养。

1965 年，小布什迁入了两层的达文波特学院。在这样的综合楼中，每一幢都有独立的图书馆、自习室、社会服务区和饭堂。而达文波特里满墙都挂着曾居住此处的著名学者、运动员相片，当然还有所谓的院徽。在 20 世纪 60 年代中期，达文波特学院就开始小有名气。学生们说它虽然从外表看上去整洁，且富有英式风格，但内部完全是花哨的哥特式风格。而且一些传统依然根深蒂固，如不着西装、不打领带就无法进入悬挂有枝型吊灯的宽敞餐厅中用餐等。在当时，达文波特学院二楼主要用来学习，后院则供玩耍。同时它还配备有壁球室、暗房和洗衣房，而且时不时总有一个学生要弹钢琴。而该院的出资者是赫雷斯·塔夫脱，塔夫脱是参议员的儿子，也就是威廉·霍华德·塔夫脱总统的孙子。

纽黑文市

在达文波特学院的房间里，小布什与迪亚特和约翰逊再度相逢，而同屋的第四个人则是从新泽西来的小克里斯特·特里·约翰逊，其父也是耶鲁校友。小布什在此要做的第一桩事是打入联谊会，小布什的父曾是耶鲁联谊会主席，并获十字奖章。距达文波特楼不远便是DKE联谊会，它纯粹是供学生娱乐之用的，但常有大人物进进出出。DKE虽无宿舍，但成为学生课后的休闲驿站，因为这里有全校、全纽黑文，甚至整个康涅狄格州最大的酒吧。

4个同室而居的人在一周里匆忙入住，但后来才发现这里竟然都是老生。瘦高挑儿的克雷·约翰逊被老生命令站起来，那个老生对他狂叫："你就是垃圾。你根本不管别人。我们谁也不欠谁的。约翰逊，你这个人渣，看看这屋里的人，有几个人你能叫出名字？站起来，说!"约翰逊仅说出了其中的三四个人的名字，然后赶快坐回到椅子中。而另外两个也只说出四五个。轮到小布什第四个登场时，他一口气叫出了全屋的54个人的名字，令约翰逊等人佩服得五体投地。布什再进达文波特时，已知道他有可能在其父创造过的辉煌的联谊会中有所作为了。果真，于布什12月12日接到一封信说他被联谊会录取了。但他并不知道这个联谊会将来的某一天会成为他耶鲁生活中的一个震点。他为之倾尽全力，又为之不断受到来自那些高傲教授、全国媒体的攻击。

在他的宿舍楼中，有一群初露锋芒的学生记者自办了一份油印刊《罪魁》，并定期发行，刊物充满对达文波特每日生活的批判："达文波

布 什

特被称为骑师学院，因为我们在这儿跳舞、厮混、狂饮、玩耍，此趋势每日俱增。而达文波特个性危机重要的一点是我们总试图玷污学术气。我们学校的学术是一流的，但我们这样的生活使我们只关注对达文波特生活的争论，而不去理睬什么戏剧表演、吟诗会和诗歌集。"

小布什的宿舍很快便成了校园事务咨询所。小布什熟知哪有牌局，哪家女子学院又有舞会，谁有车，谁有酒，橄榄球赛几时开始，怎么去，谁又要去。屋里堆着压塌了的沙发、磨掉毛的毯子、曲棍球棒、壁球用具和棒球手套。布什室友一般第一话题是运动，第二是妞儿，第三是整宿的牌局。4个人住在一起3年，布什很少谈及他父亲的参政能力与他自己的政治天赋。特利·约翰逊说："我们4个没一个是做学问的料。客观地说，人们认为我们都很聪明，但从不把心思放在学习上。小布什就是爱结交人。哪场通宵牌局、联谊会或比赛，无论曲棍球、橄榄球还是篮球、棒球都少不了他。"

小布什穿戴总是很整洁，他那男低音一路伴随他穿过走廊，透过玻璃墙，又回荡在校园里。他大声地叫着别人的昵称，又毫不拘谨地向陌生人作自我介绍。本已成气候的政治气氛顿时沸腾了，人们参与政治的机会多种多样。耶鲁共和党俱乐部宣称众多共和党重量级人物，如戈德华特·尼克松、乔治·墨菲、福特、林赛将来校回答大家的提问。除正式俱乐部外，非正式的小团体活动也很多，什么树荫下的讨论会和虔诚的保守人士与自由人士的对话等等。

这一年的秋天，小布什回到纽黑文，但立即陷入了他在耶鲁最麻烦的时期。他被指定为 DKE 的主席，大多数学生都认为这理所当然，毕竟 DKE 就是布什父亲的联谊会，从此他花费了更多的时间在这座砖楼里。此时许多人都爱玩用曲棍球杆往人身上击打网球的游戏。而像杰生和埃维这样的黑人宿管员常被叫来当靶子。

布什是第一个提出搞成人晚会的人。这位极具领导才能的主席告诉

政治精英

他的同学他要搞一个激动人心的聚会，他们可以来订票。毋庸置疑，在这些晚会上那些烂醉的人要面朝下，和着音乐快速向前爬。与布什同班的同学加里科想起来时说："我们大学生活中喝了起码一吨的酒，神志不清，那才叫刺激。我无论如何也想不出我们是怎么过来的。"其他一些规矩也有所变化，例如不能一根接一根地在 DKE 里吸喜乐烟。一位联谊会同学注意到，布什为了联谊会给自己准备了一堆的衣服。布什每次都是从衣服堆里随便抽出来一件来穿。罗伯特·毕波谈起此事说："布什像汤姆索亚一样总把人拉进预先设好的套，我们曾一同在周末去找人约会，他让我帮他一起偷一块联合铁路的标志，结果只有我独自去了。他像是太阳，我们绕着他转。他散发明星的魅力，但并不让人觉得他遥不可及。"

政治精英

布什

从布什留下的大一课本可以看出他选择了历史作为自己的专业。历史课 35a 与 35，分别讲授的是 20 世纪政治与美国文化；历史课 54a 和 54，则纵览了 19 世纪欧洲外交；哲学 38，主要是系统研究了自然基本结构与人类的特征；城市规划课 10a，则是关于城市化的介绍；美国研究 59a 是 20 世纪美国文学史；人类学 25a 是关于史前的探索。但课堂外，当布什在耶鲁的势力不断扩大之时，联谊会却在走下坡路了。许多学生和包括卡芬在内的教师指责联谊会把特权与动力用错了地方。DKE 原本在爱它和恨它的学生心中都有威望，可自打布什接管 DKE 后，该联谊会人数虽然由 230 人猛

增到 400 人，但糟糕的是会内总有谣言传出。比如有人说大牌骑师不会到这儿来了，但经布什的督促，大牌骑师最后还是来了。

但是和其他著名的学生团体相比，DKE 对校里人来说并没什么特别重要的地位，即使是布什父亲当权时也是如此。耶鲁的气氛很自由，没有多少人把兴趣放在联谊会上。"DKE 毕竟是一个消遣联谊会，无法起到举足轻重的作用。"鲍勃·韦说道。常青藤学校中的联谊会逐渐都被视作无理性的时代错误——孤立、排外、性别歧视。到 20 世纪 60 年代末，耶鲁已经把联谊会归入"无害的无关紧要的"协会一类。

当布什的父亲向胜利一步步迈进时，小布什在耶鲁的生活却转入了痛苦时期。他在耶鲁的几年正是耶鲁变革的几年，目睹了卡芬判断性的争论取代了几十年前风光一时的布什—沃克方式，而卡芬所反对的正是布什一家祖祖辈辈为之奋斗的布什—沃克方式。多年来，小布什所想的是如何不使他称作的"累赘"拖垮自己，不要在他手里毁了家族在纽黑文的事业。在安多佛时他对这种想法漫不经心，但如今他却想找出一条属于自己的路，"区别我和我父亲，有自己的个性，走自己的路"。

政 治 精 英

布 什

普雷斯科特·布什对耶鲁很敬重。他曾对耶鲁的负责人说："它是最伟大的求得知识的殿堂之一，也是伟大的美国个性塑造者之一。它培养了众多国家、教会的领袖，学术界及其他知识界的领导人物和出版界、工业的带头人。"

一天，小布什与联谊会同学戴维·赫克勒一同漫步在校园中。赫克勒住在摩斯学院，而布什则往达文波特走。赫克勒总爱对 DKE 的成员作分析，把他们划归各类。他认为自己掌握了许多在 DKE 的人的类型。有一类人用两个字概括就是"白痴"；而另一类人，即便喝了酒，也能控制自己，他们多半是因为焦虑或被孤立才这样做的。

此时，赫克勒才与小布什进行了一次认真的谈话，话题是关于世界和 20 世纪 60 年代转折期里的国家。令赫克勒惊奇的是小布什竟与他谈起老布什，谈起他是如何敬重自己的父亲。赫克勒都听入迷了。在那个年纪，无论跟谁谈起对自己父亲的崇拜，尤其是一个政客父亲，都会让人着迷的，而这一刻也令赫克勒记忆至今。

11 月份，小布什离开耶鲁回到休斯敦过周末，这几个周末对小布什来说意味着真正选举活动的开始。这次，小布什又担负起张贴选举结果报告的工作。布什家族的成员在里士满大街的选举运动总部进进出出，忙个不停，其中也有刚从纽约飞来的小布什的叔叔——乔纳森·布什。老布什的选举结果报告一份比一份好。

老布什

小布什却时常这样：在老布什面前显得乖巧些，但当老布什不在时，又走向另一个极端。小布什的堂弟曾注意到小布什在其父亲面前竭力控制自己的情形，他说："小布什有时对自己粗俗的行为很敏感，他也确实不像他父亲那样既审慎，又温和。"

小布什返回纽黑文的学校后，他时常给沃尔夫曼打长途电话，也继

续忙碌着去组织日渐松散的 DKE 兄弟会。3 月份，耶鲁大学共和党俱乐部宣布要组织一次 COP 全国大会，这次会议要在乔治·布什的指导下进行，而且要在罗伯特·塔夫特和杰拉德·福特那里取得资助。但那年春天，当年轻的耶鲁共和党人绞尽脑汁筹划这个会议时，小布什却思考着怎样去再一次沿袭父亲及祖父的传统。

　　小布什认为他可能被邀请参加那个不愿吸收新分子的颅骨协会。颅骨协会建立于 1832 年，它是耶鲁大学神秘社团系统中的典型。这个社团只吸收美国本土的白人男性成员，从 20 世纪 50 年代开始，才吸收了一些黑人和犹太人入会。耶鲁共有 7 个社团，其中包括书蛇协会、伊莱体协会及齐利阿斯协会和狼头协会。但颅骨协会却总是喜欢吸引大人物入会，许多有权势的人都加入了这个社团。以后的发展证明颅骨协会成员对布什的支持起了巨大的作用。

耶鲁大学颅骨协会

政　治　精　英

1968 年，小布什获得耶鲁大学学士学位，1975 年拿到哈佛商学院工商管理硕士学位后回到家乡得克萨斯州米德兰，创建了一家石油和天然气勘探公司。但由于他不善于经营，公司几乎到了濒于破产的境地。10 年后，经朋友帮助，他将公司股份出售给哈肯公司。1994 年 11 月 8 日，小布什当选了得克萨斯州州长，并于 1998 年 11 月再次当选。在州长任期内，他对得克萨斯州的税收、教育等方面进行了行之有效的改革，不仅降低了得州的犯罪率，还获得了包括西班牙和非洲等不同种族的多数民众的支持。

小布什曾两次为父亲助选，亲身受到了美国政治火焰的熏烤，这对于一个立志将来投身政治的年轻人来说，是一笔宝贵的财富，这使他熟悉了美国政治的各个基本环节。在和父亲的一次次交谈中，在父亲和竞争对手一次次的辩论中，小布什逐步形成了自己的治国之道。1999 年，小布什决定竞选总统。他说，"我如果赢了，我知道该怎么做；如果输了，那是命运注定。"他又说，如果我不幸落选，便有更多时间陪父亲去钓鱼。

1999 年 6 月 12 日，小布什正式宣布参加 2000 年总统选举。在 2000 年上半年举行的总统预选中，他击败了亚利桑那州参议员麦凯恩、出版业巨头福布斯和前美国驻联合国大使凯斯等主要竞争对手，为赢得共和党总统候选人提名扫清了道路。8 月 2 日，

政治精英

美国前副总统戈尔

小布什被共和党提名为总统候选人。在 2000 年 11 月 7 日举行的大选中与民主党候选人戈尔的得票不相上下。但在一个月的法律诉讼中获胜，因此最终赢得了总统大选，成为美国第 43 届、第 44 任总统，并于 2001 年 1 月 20 日小布什宣誓就职。布什是继第 2 任总统约翰·亚当斯和第 6 任总统约翰·昆西·亚当斯之后，第二对先后当选美国总统的父子。

在这次总统选举中，共和党总统候选人小布什和民主党总统候选人戈尔得到的票数十分接近。但双方对佛罗里达州的计票发生了争端，并反复诉诸法律，对簿公堂，展开了长达 1 个月的官司战，最后还是小布什赢得了复杂的法律诉讼。

2001 年 5 月 21 日，是耶鲁大学毕业典礼的日子。小布什这一天被邀请返回母校接受了一个荣誉法律博士的学位。在典礼上，他对自己当年的平平成绩和花天酒地的名声轻描淡写，引来了众多的嘘声。当然，他还是有那么一些自知之明，没有回避自己当年那么多不出色的学业成绩。面对 2000 多名毕业生及其家属，小布什在拥挤得水泄不通的耶鲁

富兰克林·罗斯福

大学老校园礼堂内说，"对于你们中的那些获得学位、荣誉以及荣誉称号的人，我想对你们说，'干得好'，而对于成绩只有'C'的人来说，我想说的是，'你们也有机会成为总统'。"

小布什的幕僚指出，小布什是一个大而化之的人，注重大目标，细节和过程则是部下的工作，并且将自己定位成一个"讲究效率的人"。小布什不喜欢开马拉松式会议，会议时间超过 10 分钟对他来说就显得"冗长"了。年轻时小

政治精英

布什不喜欢读书，当了州长后仍然是很少读书，更不愿意被烦琐的政策问题困扰自己，但对于工作时间内的各种仪式和宴会却"乐此不疲"。

小布什的夫人是劳拉·韦尔奇，他们有一对双胞胎女儿。韦尔奇20世纪40年代出生在得克萨斯州米德兰一个小户人家，年轻时也是个人见人爱的淑女。韦尔奇多年来一直留着一头短发，是同伴中最后一个结婚成家的人。她的朋友们一直在为她的个人问题着急，不断为她牵红线介绍朋友，但是统统都被她婉拒。可后来她遇到小布什后却以闪电般的速度走进了婚礼的殿堂，这令她的朋友们惊讶不已。

自20世纪50年代以来，布什家族就上演了一幕幕政治传奇。布什家族出了一位参议员、两位州长和两位总统，成为美国最显赫的政治王朝。其实，在美国历史上，像布什家族一样显赫的世家不止一个：19世纪，亚当斯家族推出了美国的首对父子总统；进入20世纪，罗斯福家族中的远房堂兄弟西奥多·罗斯福和富兰克林·罗斯福分别入主白宫；20世纪中叶以后，洛克菲勒家族出了三位州长；肯尼迪王朝中的主要成员都成了名垂千苦的人物。

政治精英

威廉·霍华德·塔夫脱

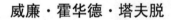

威廉·霍华德·塔夫脱，1857年9月15日出生于俄亥俄州豪门家庭，是阿方索·塔夫脱与路易斯·托里的独子，他的继母还有二子一女。父亲在格兰特总统任期内曾任陆军部长和司法部长。

塔夫脱就读于耶鲁大学法学院，毕业后在俄亥俄州当律师，1886年与海伦·赫伦结婚，生有二子一女。塔夫脱于1887年任州高法院法官，1890—1892年任司法部副部长，1901年任菲律宾总督。塔夫脱非常同情那些菲律宾人，他改进经济制度，建造道路和学校，并且让人们参与政府管理。1904年塔夫脱任陆军部长。1908年，在罗斯福的支持下，塔夫脱获共和党总统候选人提名，并在竞选中获胜。1909 年 3 月 4 日塔夫脱上任，成为美国的第 27 任总统。

威廉·塔夫脱

塔夫脱执政后，在人民的压力下，声称要继续开展"反托拉斯战"。但他主要代表洛克菲勒财团的利益，借此打击摩根财团，并且不久就采取了对垄断企业大开方便之门的"自由放任"政策。塔夫脱政府于 1909 年通过《佩恩—奥尔德里奇法案》，规定了美国建国以来的最高关税率，引起人民的强烈反对。在对外政策方面，塔夫脱提出"金圆外交"，向外输出剩余资本，进行经济渗透，干涉别国内政并加强侵略拉美等国家。他的政策引起了社会各界广泛的不满，连罗斯福也批评他。

1910 年，威廉·霍华德·塔夫脱第一个正式批准棒球为"国球"，且在同年 4 月 14 日的棒球节开始的首场比赛中，在 12000 名观众面前投出第一个球。

但在 1912 年，塔夫脱竞选连任总统时遭到失败，输给了新泽西州州长伍德罗·威尔逊。

塔夫脱对法律有着浓厚的兴趣，卸任后就去了耶鲁大学执教，并任法学教授和律师协会主席。沃伦·哈定当选美国第 29 任总统后，塔夫脱被任命为美国首席大法官。1930 年塔夫脱从法官职位上退休，不久后因病逝世。塔夫脱的很多家庭成员也踏入了政界，他的儿子和孙子都当过参议员。

政治精英

杰拉尔德·鲁道夫·福特

杰拉尔德·鲁道夫·福特，美国政治家，第38任美国总统。

福特于1913年7月14日出生于内布拉斯加州奥马哈城，原名为莱斯勒·里奇·金。父亲莱斯利·林奇·金是个羊皮商。母亲罗西·加德纳生下福特的第二年便与丈夫离婚，遂带着儿子生活在密歇根州的父母家。其母亲罗西后再嫁油漆商杰拉尔德·福特，福特被继父收养，改名为小杰拉尔德·福特。福特在密歇根州大急流村长大，1935年在密歇根大学毕业获得学士学位，此后福特去耶鲁大学学法学。1941年福特从耶鲁大学法学院毕业后获法学学士学位，并于同年取得律师资格。此后福特又获密歇根州立大学、耶鲁大学等院校的法学博士学位，并且进

入大瀑布城福特—布肯法律事务所当律师。1942年4月福特参加美国海军预备队，并荣获少尉级。第二次世界大战中，福特在美国海军服役，被授予少校军衔。1946年福特从海军预备队退役后回大瀑布城重操律师业，任福特—布肯法律事务所律师。1948年福特与伊丽莎白·安妮·布鲁默结婚，并育有三子一女。

杰拉尔德·福特

1949年至1974年，福特任国会众议员，并在众院公共工程委员会、拨款委员会、航空与宇宙空间特别委员会任委员。1965年福特当选为众议院共和党领袖。1968年与1972

年福特两次担任共和党全国代表大会常任主席，1973年10月12日，原副总统阿格纽由于贪污丑闻下台后，福特被尼克松总统任命为副总统。1974年8月9日尼克松总统由于"水门事件"被迫辞职后，福特于同年8月9日继任美国第38任总统。他是美国历史上唯一一位未经总统选举而"扶正"的副总统。1974年9月8日，他下令赦免了尼克松。福特在位期间政绩平平，给人印象不深，作出的最有影响的决定，是对前总统尼克松的"全面赦免"。

就任总统后，福特面对着几乎不能克服的任务通货膨胀、恢复经济、解决能量短缺等问题，并且努力维持世界和平等。政府通过干预和花费巨资作为解决美国社会和经济问题的方法，从而控制各种问题的发展趋势。归根结底，福特相信，这变化将会为全部美国人带来好生活。福特宣布"充分、自由和绝对"地赦免了尼克

布什总统探望福特夫妇

松，并留任基辛格为国务卿。在国内，他想缓和因"水门事件"而引起的矛盾，但自己曾两次遭遇暗杀。

1972、1975、1981年福特曾3次访问中国。在1975年12月1日至5日福特作为美国总统访问中国时，毛泽东主席和邓小平副总理会见了他，中美双方重申遵守《上海公报》。1976年福特谋求连任，但败在卡特手下。1977年福特卸任后，做巡回演讲和打高尔夫球成了他生活中

政治精英

的主要内容。此外，他还热衷于社会公益和慈善事业，世界闻名的贝蒂·福特中心就是由他资助的。贝蒂·福特中心是一个帮助人戒酒戒毒的诊所，于1982年由福特的妻子贝蒂创办，一些世界著名的艺术家、政治家和运动员曾在这里接受治疗。跟其他前总统相比，福特更喜欢"不显山，不露水"的生活，他的大部分时间是在家中度过的，很少抛头露面。

政治精英

政坛第一夫人——希拉里

在美国的第一夫人中，至今不减风头的当数活跃在政坛上的耶鲁毕业生希拉里·罗德姆，她的丈夫——美利坚合众国第 42 任总统威廉·杰斐逊·克林顿如今已逐渐在政坛谢幕，但是一切都预示着这位昔日的第一夫人的政治生涯才刚刚天始。

希拉里·罗德姆于 1947 年 10 月 26 日出生在芝加哥，她的父亲休·E·罗德姆是一个名不见经传的小商贩，母亲多萝西·豪厄尔·罗

希拉里

德姆更是个普通得不能再普通的家庭主妇。用希拉里自己的话说，"母亲的生活就是围绕着我、两个弟弟和父亲打转的"。1965 年 6 月，希拉里毕业于帕克里奇南部的缅因城中学。1966 年，希拉里又以优异的成绩毕业于马萨诸塞州的韦尔斯利学院，后进入了耶鲁大学法学院。

耶鲁大学法学院原只是一个培养能通过康涅狄格州律师资格考试的小法学院，在 19 世纪几乎不被人所知，但是到了 20 世纪 20 年代，耶鲁法学院和哥

伦比亚法学院一起因发起"法律现实主义运动"而在美国高校打响名气。

希拉里是耶鲁法学院最值得骄傲的几位女性之一。当时她的班上有235名同学，而女生只占了27名。很多人还记得她当时的样子，因为她的打扮总是很特殊：法兰绒衬衫、厚镜片和朴素的衣着。用她的同学们的话说，"简朴得有点让人惊讶"，她也因此被称为"法兰绒公主"。但是，希拉里表现得十分活跃，学校的各种活动都积极参与。她曾投入到反战的罢课活动中，还组织了校园游说活动，最终迫使校方在法学院女厕所里配备了月经棉。同学们对她更深刻的印象来自她的"勤奋努力、严肃认真"，甚至独来独往。希拉里经常还定时地去大学生体育馆练健身操。

政治精英

希拉里

尽管希拉里的性格较外向，但在耶鲁的第一年她几乎没跟男孩子约会过。这不免显得孤单。不过，这样的情况没有维持多久。1970年秋天，在度过了漫长的暑假后，法学院的新生们又开始聚集在纽黑文。好久不见的学友们在一起谈天说地，其中有一个絮絮叨叨的男生显得格外出众，他来自阿肯色州，留着络腮胡，大谈一个叫霍普的地方的西瓜节，他说："我们阿肯色州能生产世界上最大的西瓜"。这些话被希拉里听到了。于是，本已对这个大胡子产生好感的希拉里明知故问："是谁在谈世界上最大的西瓜？"而这个络腮胡就是后来的丈夫

——美国总统威廉·杰斐逊·克林顿。传说他们的爱情故事是从图书馆开始的。那一次的见面几乎已成为一段政坛名人的爱情佳话。当时，一位同学劝克林顿去复习艰涩的法律书，但他却在长长的阅览室里直盯着希拉里看。希拉里被看得不耐烦了，最后，她站起身，走到他面前，生硬地说："好吧，如果你还要盯着我不放，那我也要反过来瞪你，还不如现在就认识一下，我叫希拉里·罗德姆，你呢？"在一旁看见这个情景的同学后来回忆道，"这简直就是爱情电影中的一个情节"。用克林顿自己的话来说，"当时我一反常态，哑口无言，站在那里苦苦想着自己姓什么"。

其实在图书馆见面之前，这个引人注目的高大、英俊、爱说笑的南方小伙子就曾试图接近过希拉里，但都未成功。有一段时间，他甚至悄悄地跟踪她。因为那是克林顿生活最黯淡的日子—他和他的女友刚刚分手。"

在气质、思想和风格诸方面，希拉里和克林顿似乎是那一代男女中的理想配偶。希拉里活泼、开朗，充满"男性气质"，而克林顿敏感、多情，带有"女性气质"的温柔。一些人认为，这是理智与直觉的结合。

希拉里和克林顿

1971 年秋，希拉里成了克林顿所住的海滨宿舍的常客，对于他们既是情侣又是盟友的关系，大家都很清楚。他们之间越来越不仅仅是情人，更像法学院的一对黄金搭档。人们

政治精英

还记得，在耶鲁的出庭律师联合会上组织的法庭辩论赛中，两人的默契性更是凸显出来，他们成为最有实力的一组。在她的约束下，他们准备得极为细致和周密。他们的朋友们回忆说，希拉里整理案件材料，由散漫的克林顿去对付那些心怀敌意的证人们。虽然最后他们还是输了，但是给法学院的所有同学们留下了极为深刻的印象。赛后他们共同分担失败的经历，也让他们就此建立起了深厚的患难之情。在他们往后的政治生涯中，这样的情谊显得尤为重要。1973 年，希拉里和克林顿双双从耶鲁大学毕业，克林顿获法学学士学位。两年后，这对耶鲁法学院的情人在阿肯色州结为伉俪，他们的宝贝女儿在 5 年后出生。

希拉里是一位不折不扣的女权主义者，主要表现在她对以前的清规戒律的蔑视。在克林顿竞选总统时，希拉里因口口声声要求保留她的娘家姓而饱受民主党的抨击，但她最终为了丈夫的竞选而不得不妥协。

政治精英

希拉里

希拉里从小就对各种领导职位表现出极大的兴趣，是耶鲁学校和社团中的活跃分子，常参加各种社团活动。充满爱的童年生活奠定了她对家庭、工作要忠诚的信念和服务大众的信念。

希拉里开始是美国共和党的支持者。在 20 世纪 60 年代到 70 年代，她先后在多次总统选举中为共和党出力，成绩喜忧参半。但她借此机会发展人脉关系，并趁此结识了很多名人政要，为实现自己日后的远大目标奠定了基础。在 1979 年至 1981 年和 1983 年至 1992 年担任阿肯色州第一夫人期间，希拉里活跃于关注儿童福利的组织中，并担任了沃尔玛及其他一些公司的董事。1979 年，希拉里成为罗斯律师事务所历史上第一位女性合伙人，并因此在 1988 年和 1991 年被评为"全美 100 位最具影响力律师"。

事实上，希拉里从一开始就意识到，她的政治活动一定要打上自己的印记。她身边不乏有她丈夫曾用过的"谋士"。但基本上，她已组建了一个只忠于她自己的团队。希拉里不仅善于在政界和军界结交朋友，而且在参议院为人也极其低调，非常注意把自己"第一夫人"的身份和参议员的身份区别开来。每逢委员会举行听证会，她总是最早到达会场，尽管她总是最后一个发言。随着她作为政治家的名望稳步上升，一些接近她的人说，他们相信希拉里最终会放弃总统竞选，转而向参议院的领导层冲击，而且未来有可能成为第一位女性多数党领袖。不管怎么说，希拉里的政治抱负决不仅限于纽约州参议员。她的支持者和赞助人雷伯特说，"她最有可能犯的最大错误就是向右转，这会让她一下子失掉很多选民的支持。"

比尔·克林顿

1996 年，美国历史上最重要的公众人物之一，时任美国第一夫人的希拉里·罗德姆·克林顿，阐明了要动员大家的力量来使社会成为一个地球村，以此来帮助所有的孩子健康、

政治精英

快乐、活泼地成长。1998年莱温斯基事件揭露后，希拉里与比尔·克林顿的婚姻状态一度成为全美关注的焦点。不少支持者敦促希拉里同克林顿离婚，但她最后却选择了妥协。她的决定虽然既保护了自己的政治前途，也保护了比尔·克林顿的政治前途，但也在很大程度上背离了她一向提倡的女权主义理想。

作为美国第一夫人，希拉里在政策事务中占据着突出的地位，舆论普遍认为她是美国历史上最有实权的第一夫人。1994年，她力主推行的克林顿保健计划未能获得国会通过，但1997年，她还是协助通过了美国国家儿童健康保险计划和领养与安全家庭法案。

希拉里是一位富有争议的政治人物，普遍认为其具有浓厚的自由主义色彩。2000年，希拉里搬迁到纽约并当选美国参议院议员，成为第一位获得公职的第一夫人和纽约州第一位女性参议员。她的竞选策略和

《时代》周刊封面

丈夫比尔·克林顿相似，即以满足选民的实际物质利益为主要手段，同时更加偏重于健康、儿童、社区等妇女关心的话题。就任参议员以来，希拉里一面维持自由派选民的支持，一面在争夺中间派的选票上面颇下苦心，包括投票支持伊拉克战争。但是，民众对她的看法改变不大，绝大多数人仍认为希拉里属于自由派，保守派更对她深恶痛绝。随着伊拉克战争局面的持续恶化，希拉里又转变态度，开始反对布

什政府的内政外交，这也为她后来的总统竞选留下了把柄。

在 2006 年 11 月 7 日进行的美国中期选举中，希拉里以绝对的票选优势连任纽约州参议员，得票中以女性选民居多。2008 年 12 月 1 日，美国总统当选人奥巴马提名希拉里出任美国国务卿，并于 2009 年 1 月 21 日正式就职。希拉里在就职之后的首次出访选择了亚洲，而第一个出访的国家是日本，中国是最后一站。

如果说未来世界上最有权势的女总统出现在美国，那么前第一夫人、纽约州民主党参议员希拉里的可能性最大。她是美国前总统比尔·克林顿的夫人，同时也是民主党内的政治明星。最近，美国几大媒体都在热炒她的政治抱负及竞选实力，《时代》周刊更是评论说，她虽然正埋首于 11 月的参议员连任竞选，但实际上"醉翁之意不在酒"，其竞选热情和规模显示，"这位前第一夫人正为着更高的目标奋斗"。

在美国，政治终究还是一个后勤竞争的游戏。据《时代》周刊报道，希拉里明显已经开动了竞选机器，而且将 11 月份的参议员连任竞选，作为 2 年后"总统竞选大战"的练兵场。在参议员竞选上，纽约州没有人是她的对手，但她还是全力以赴地募集政治献金，目前筹到的资金已超过 3300 万美元。这笔钱最后哪怕剩下 1000 万（或者更多），也完全可以作为她未来进行总统竞选的种子基金。

希拉里

政治精英

而且，就像她丈夫克林顿在 1992 年竞选总统前做的一样，她一直以来都在准备一系列观点中立的竞选议题，包括能源政策、经济、隐私权，甚至农民问题。而且，她的政治运作团队也扩充到了 32 人，都是全职，再加上她的参议员办公室的 10 个人，以及 13 个正帮她建立国内直接邮件系统的顾问，"总统竞选"的团队架构已经非常明晰。最近，她又将一位因特网权威收入麾下。而且，免费为她服务的可能是世界上最好的民主党政治战略家——比尔·克林顿。她身边一个顾问说："克林顿一直在考虑（她的总统愿景）。"而且，"他不光在考虑，还跟许多人谈起过，推销希拉里。这可是他现在很看重的一件事"。

希拉里

政治精英

随着克林顿的谢幕，精力旺盛的希拉里从丈夫克林顿的身后走了出来，闪亮登上了美国的政治舞台。她于 2000 年 11 月 7 日在纽约州参议员选举中获胜，并当选美国国会参议员。成为美国史上第一位赢得公职的第一夫人，她也是第一个通过民选而获得政治职务的美国第一夫人。纽约一位政治观察家丹·格林伯格曾评价道："对于希拉里，人们或爱或恨，但绝没有中间路线。"在希拉里的狂热追随者眼中她是一位勇敢的妻子、一位性感的女人、一位充满智慧的女强人。而在她的政敌眼中，希拉里则是一个虚伪狡诈、老于世故和政治伎俩的女人。

2009年1月21日，希拉里·克林顿在美国首都华盛顿宣誓就任美国国务卿。美国参议院当天以94票对2票的绝对优势，批准奥巴马总统关于希拉里担任国务卿的提名。

伊拉克战争

政治精英

在参议院的全院投票中，奥巴马关于希拉里出任国务卿的提名以九十四票赞成二票反对顺利获得确认。投反对票的两位议员分别是路易斯安那州共和党议员大卫·威特和南卡州的共和党参议员吉姆·德敏特。在全院投票之前，民主党领袖呼吁参议员通过奥巴马新政府的这一重要任命，以便新政府可以尽快从事重要的外交布局。参议院民主党领袖说，美国新政府现在急需在伊拉克和阿富汗两个战场、中东暴力冲突和

伊朗核计划等敏感问题上开展工作。2月2日，美国国务院，希拉里在丈夫克林顿和女儿切尔西的陪同下宣誓就任国务卿一职。

这位昔日耶鲁法学院的"法兰绒公主"前途一片光明，她所表现出的风范，影响了整个美国甚至世界的女性。而希拉里这个名字，也将会成为耶鲁永远的骄傲。

政
治
精
英

人 文 精 英

首获诺贝尔奖的美国人——刘易斯

　　刘易斯是美国著名作家，也是第一个获得诺贝尔文学奖的美国人。刘易斯 1885 年 1 月 7 日生于美国明尼苏达州的索克镇。1903 年就读于耶鲁大学文学院，在读书期间刘易斯同时兼做《耶鲁大学》杂志编辑工作。1906 年刘易斯受当时社会主义思潮影响，大学未毕业即满怀美好理想地去一个正在进行社会主义试验的劳动公社体验生活。1907 年刘易斯回到耶鲁大学继续学习，1908 年毕业，获得了文学学士学位。1908 年至 1916 年，刘易斯先后在艾奥瓦州《滑铁卢报》、旧金山联合

人
文
精
英

　　　　　　罗马风光

出版社、华盛顿《沃尔特评论》、纽约《历险》杂志和乔治·多伦出版公司做新闻出版的编辑工作，并担任过助理编辑和编辑。1916 年以后刘易斯成为职业作家。1936 年，刘易斯获得耶鲁大学授予的荣誉文学博士学位。1938 年刘易斯又被选为美国艺术文学院院士。晚年长住欧洲，1951 年 1 月 10 日因病逝世于罗马。

1914 年至 1916 年，刘易斯出版了《我们的雷恩先生》和《鹰的途程》两本小说，同时在很有影响的《星期六晚邮报》发表了几篇短篇小说，因他所创作的小说销路不错便全力投入到文学创作中。1920 年，刘易斯的第 6 部小说《大街》问世，从此确立了他在文学界的声誉。

刘易斯的小说《大街》打破了农村生活田园化的传统，使他成为被称为"乡村的叛逆"的这一文学现象的代表。书中女主人公卡洛尔嫁给了中西部小城镇的医生肯尼科特，她眼见城镇生活狭隘无聊，人们

美国乡村风光

安于现状，对新事物怀有固执的偏见，便立志改造环境，希望给小城镇

带来生气与欢乐。但因小城的人顽固守旧，不愿改变原有的生活方式而遭到恶意的抵制，迫使她只好出走到华盛顿。两年后卡洛尔又随前来找她的肯尼科特回到小城，决心像大多数人一样生活下去。小说不仅讽刺了小镇上的银行家、商店老板、放债人以及这些人的家庭，而且嘲笑了知识分子的肤浅，淋漓尽致地暴露了美国乡村小城镇及其小市民的闭塞、卑鄙、无知、狭隘和赤裸裸的物质主义，成为一本关于美国小城镇市侩习气的教科书。小说出版后，欧洲各国竞相翻译，在社会上引起了巨大的反响。从艺术角度看，作者的文笔有意采用了小地方的方言，细致地叙述了当地的习俗，极为生动逼真。

意大利风光

　　1922 年，刘易斯的另一巨著《巴比特》出版，被许多评论家认为是创作生涯中最成功的一部小说。作品描写了中产阶级商人巴比特的思想观念和生活情操的演变，揭示出美国社会中资产阶级圈子里的庸俗生

人文精英

活，形象地塑造了20世纪20年代美国社会的市侩形象，是揭露美国资本主义所谓"精神文明"的代表作。

1925年，刘易斯又出版了小说《阿罗斯密》，对美国当时的医务界作了深刻的研究。该小说描写一个善良的微生物学家巴丁为追求真理和实现崇高理想所遭受的挫折，以及在艰难曲折中所表现出来的勇气和毅力。1927年，他写了《艾尔默·甘特利》，抨击那些钻进教会而又无知、粗暴、掠夺成性的宗教界领袖人物。因为矛头直指宗教界，这本书的出版，曾引起宗教界人士的强烈抗议。

刘易斯以自己出色的小说创作赢得了荣誉。1926年，他因《阿罗斯密》被授予普利策奖金，但他拒绝了。1930年，"由于他的描述的刚健有力、栩栩如生和以机智幽默创造新型性格的才能"，被授予诺贝尔文学奖。

1935年，正当德、意法西斯对世界形成巨大威胁的时候，他出版了《不能发生在这里》一书，设想美国一旦发生了法西斯政变会是什么情况。此书被改编成剧本，在美国各地由21家剧团相继上演。1917年刘易斯出版了抨击美国种族歧视问题的小说《王孙梦》，具有重要的社会意义，表明了作者所坚持的进步倾向和斗争勇气。

刘易斯是一个多产作家，20世纪30年代以后还写了长篇小说《教堂里欢乐的一天》（1940年）、《卡斯·蒂姆白兰》（1945年）和他自编的《短篇小说选》（1935年），描写意大利生活期间情景的散文集《世界如此广阔》（1951年）等。他的作品文笔细腻、描绘逼真，无论写人写事都十分生动、细致，力求再现生活，对话极富表现力。他还善于运用漫画手法，通过夸张人物形象以达到讽刺的效果。刘易斯杰出的文学才能不失为一个出色的现实主义作家，这使他在美国文学史上占有重要地位。

无声世界的向导——加劳德特

托马斯·霍普金森·加劳德特1787年出生于宾夕法尼亚州的费城，后来随全家迁至康涅狄格州哈特福德，住在外祖父母留下的房子里。加劳德特自幼聪明过人，14岁就成为耶鲁大学的第一届学员。他毕业后

耶鲁大学一景

自学法学，1810年又获文学硕士学位。加劳协特曾做过各种各样的工作，起先他做推销员，后来进安多弗神学院学习了两年，最后成为了助

人
文
精
英

理牧师。

1814 年的一天，加劳德特在父母的住所附近散步。房前，一群孩子正在快乐的玩耍，可是不远处的树荫下却有个小女孩不参与，独自一人默默在一旁看着。这一幕引起了加劳德特的好奇，他叫来自己最小的弟弟特迪探听原因。特迪告诉哥哥，那个小女孩是个聋子，无法和大家一起玩。

这个 9 岁的女孩爱丽丝是邻居科格斯韦尔博士的女儿，她有一双明亮的大眼睛和秀丽的面庞，可她是聋哑人，既听不到，也不会说话。加

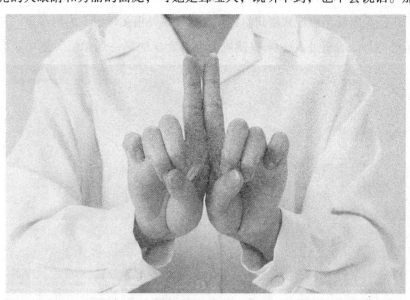

手语学习

劳德特对她顿生怜惜之情，他把自己的礼帽摘下来递到爱丽丝手中，然后捡起一根木棍，在地上写了三个字母：H、A、T。他指指地上的单词，又指指帽子，一遍又一遍地重复着。突然，爱丽丝点了点头，她明白了"HAT"代表的意思。

当时只有远在欧洲的英国和法国设有聋人学校。27 岁的加劳德特

从此萌生了献身美国聋人教育的念头，他谢绝了美国最大一所教堂的聘请，四处筹集资金，决心去欧洲学习聋人教育。资金刚刚凑够，加劳德特就乘船去了伦敦，找到了当地的聋童学校。想不到这所学校的主人布雷德伍德家族对他采取拒绝的态度。最后经加劳德特百般相求，对方才答应让他留在学校，条件是他得无偿地为学校工作三年，而且不得向任何人透露聋童教育的方法，甚至直到返回美国仍要保守这个秘密。此外，将来他要在美国建立聋童学校必须有布雷德伍德家人参与。为了能学到聋童教育的方法，加劳德特答应了对方的要求。

机会终于来了。一次，他看到一则法国聋童学校教师在伦敦演讲示范的广告。加劳德特前往旁听。两位法国教师本身也是聋人，在他们的演讲示范中，加劳德特第一次看到了聋人示范的手语。演讲结束后，加劳德特拜见了两位教师。令人高兴的是，这两位法国教师听了加劳德特的述说后，当即邀请他去法国，并将免费教他聋童教育的方法。

加劳德特来到了法国聋童学校。在学习聋童教育方法的同时，他经常与两位教师中略懂英文的克拉克老师倾心交谈。终了，克拉克老师被加劳德特感动了，他同意前往美国帮助加劳德特建立聋童学校。

1817年，在加劳德特、克拉克老师和爱丽丝的父亲科格斯韦尔博士等人的共同努力下，康涅狄格州哈特福德成立了美国最早的聋童学校——美利坚聋人学校。同年，爱丽丝和其他6名聋哑孩子走进了聋童学校的课堂。加劳德特任聋童学校的第一任校长。

第二年，一位叫索菲亚·弗劳尔的漂亮聋哑少女和她妹妹来到学校上学。在长期的师生相处中，加劳德特深深地爱上了索菲亚。索菲亚毕业后，加劳德特同这位聪慧、美丽的聋哑姑娘结了婚。

1830年，加劳德特从他苦心经营的聋童学校退休下来。此时，学校的聋哑学生已增加到数百名。同时，美国纽约州、宾夕法尼亚州、肯塔基州和俄亥俄州也纷纷建起了聋人学校。加劳德特虽已退休，但雄心未老，仍四处为聋人教育呼吁、奔波，同时还写了许多聋童教育专著、手语读本和聋童读物等。

1851 年，托马斯·霍普金森·加劳德特与世长辞，享年 64 岁。

加劳德特与索菲亚养育了 8 个子女。当最小的儿子爱德华·迈纳·加劳德特还在襁褓中时，老加劳德特就开始考虑这个小儿子的未来

手语学习

了，他希望儿子能继承他的事业，成为一名聋童教育老师。自爱德华 12 岁起，老父亲就不止一次对儿子说希望他当一名聋校教师。"这是我做过的最好的工作。"他说。小加劳德特怎能不知父亲的苦心呢？他为有这样一位慈善而坚定的父亲感到自豪，也深爱那些不幸而聪颖的聋哑学生和奔放有力、富于感染力的聋人手语，何况他自己还有个聪颖的聋哑母亲。

随着年龄的增长，爱德华也免不了受到当时社会潮流的冲击。"难道我真要去当个聋童教师吗？""不！我要当富翁，当银行家！"爱德华

从 15 岁高中毕业起，就满怀激情地朝着这个方向努力。但时间一长，正如他父亲曾说过的，银行界充满了尔虞我诈、勾心斗角，让小加劳德特开始厌恶这个行业了。

"生命中往往有着比金钱更重要的事情。"小加劳德特终于悟出了这个道理。他随即转入哈特福德特里尼蒂学院上学，业余时间在他父亲开办的另一所学校兼课，老加劳德特的愿望终于在他这个最小的儿子身上开始得到了实现。

不觉 3 年就过去了，爱德华感到教书与银行业一样单调无聊，他认为自己应做一些比这更有意义的事情。老加劳德特在世时，他曾提到应在聋人学校的基础上办一所聋人学院。现在，这颗种子在爱德华心中萌芽了，他决心要像父亲一样做一个开拓者，在美国办一所聋人学院。

但是办学就得需要巨额资金，而小加劳德特并没有钱。正当他一筹莫展，几乎要放弃办聋人学院的念头时，他收到了一封阿莫斯·肯德尔从华盛顿寄来的信。肯德尔曾是美国邮政总长，后来在华盛顿办了一所盲聋学校。小加劳德特赶赴华盛顿，与肯德尔共商办学大计。当时小加劳德特周围的人对此都不支持，认为他的这个想法未免太宏大了。那时小加劳德特才 20 岁，人们不相信这个肩膀稚嫩的小伙子能在首都办成这么大的事情。但是肯德尔一直支持他，他建议小加劳德特将哈特福德的美利坚聋人学校迁至华盛顿，与他自己的哥伦比亚盲聋哑教养院合并，两人一边办学，一边另作图谋。

来到华盛顿一年后，小加劳德特与简·费森登结了婚。10 年后他的夫人简因病去世，他又娶了 17 岁的苏珊·丹尼森，苏珊后来成为哥伦比亚盲聋哑教养院的院长。美国南北战争期间，肯德尔校园一度成为军营。即使在战乱中，小加劳德特仍未忘记朝自己的目标迈进。

1864 年，小加劳德特向美国国会递交了一份议案，要求国会批准

人文精英

哥伦比亚盲聋哑教养院培养聋人大学生。很多国会议员和代表对此都持

美国南北战争

有反对态度，但是亚伯拉罕·林肯总统却支持小加劳德特的议案，小加劳德特的议案最终获得通过。1864年4月8日，林肯总统正式签署法令，成立国文盲聋哑学院，27岁的爱德华·迈纳·加劳德特任首任院长。同年夏季，国会拨款为哥伦比亚盲聋哑教养院购买了13英亩土地，林肯总统向他们提供了个人捐款。最后，13名聋人学生进入学院学习，美国成为当时全世界唯一拥有聋人学院的国家。

1869年，第一届学生从聋人学院毕业，其中三名学生的文凭是尤利西斯·辛普森·格兰特总统签署的。从此以后，学院所有的毕业文凭都由在任总统签署，在任总统也是聋人学院法定赞助人，这种惯例一直延续至今。1894年，为纪念托马斯·霍普金森·加劳德特，学院更名为"加劳德特学院"。这一命名于1954年在美国第83届国会第420次

国会《公众法》中得到了正式确认。

1910 年，担任了 46 年院长的爱德华·迈纳·加劳德特退休了。他因对美国聋人教育的杰出贡献获得了很多荣誉，诸如特里尼蒂学院和他父亲的母校耶鲁大学授予的法学荣誉博士学位、乔治敦大学授予的哲学荣誉博士学位以及法国政府授予的十字勋章等。1917 年，80 岁的爱德华·迈纳·加劳德特在家乡哈特福德去世。

里根总统

1986 年 8 月 4 日，罗纳德·里根总统签署了美国聋人教育法将"加劳德特学院"更名为"加劳德特大学"。这所历经了百年春秋的聋人大学如今已有文、理、商、艺等 27 个学士学科；管理、教育、心理、病理等 9 个硕士学科；教育、哲学等 5 个博士学科；拥有手语文学中心、加劳德特研究所、环球教育中心、国家聋人信息中心、预科学院、英语培训学院、会议中心、访问者中心、出版社和世界最丰富的聋人资源图书馆，成为一所学科最多、层次最高、规模最大、历史最长的世界著名聋人大学。加劳德特大学被誉为国际聋人教育的西点军校，是全世界聋人所向往的教育圣殿。

人 文 精 英

美国教育之父——韦伯斯特

众所周知，美国的独立战争，让美国人民摆脱了殖民压迫，实现了民族自治。领导独立战争的国父华盛顿功不可没。而美国人民精神领域的独立与自主，则要感谢享有"美国教育之父"之称的耶鲁学子诺亚·韦伯斯特。

1758 年 10 月 6 日，韦伯斯特出生在美国康涅狄格州首府哈特福德一个普通的家庭里。父亲是一个纺织工人，也从事农业生产，母亲是一个家庭主妇，负责家务劳动。韦伯斯特和两个弟弟经常下地帮助父亲干农活，妹妹和母亲则留在家里，准备一家的饭食和缝补衣服等。虽然家庭生活比较清苦，但是却很融洽，给韦伯斯特的童年生活留下了美好的回忆。

韦伯斯特

上大学当时对于这个普通家庭而言确实是一个不小的负担，但是他的父母仍然把从小喜欢读书的韦伯斯特送到了康涅狄格州唯一的大学——耶鲁大学接受教育。当时韦伯斯特只有 16 岁，

人 文 精 英

而且此时正值美国革命战争时期，衣食匮乏。1778 年韦伯斯特从耶鲁毕业后，本想继续学习法律，可由于生活困难，不得不从事教书职业，以减轻家庭的负担。当然他也希望能够借此攒一部分钱，为日后继续研读法律作资金准备。韦伯斯特后来的发展证明，他当初那个迫不得已的选择却是一条实现自我价值的光明之路。

接触教学工作以后不久，这位耶鲁的才子发现，美国的学校教育非常糟糕。有时候，一个大的教室里竟然要容下 70 多个孩子，而且没有

纽黑文大学

课桌，教材陈旧，教师队伍参差不齐。更让他忧心的是，美国沿用了英国的教材，这样难以培养美国儿童对本土文化的认同。因此编写一本新的教材，让美国的下一代在语言用词上与英国有所区别是一件紧要的事。

由于正值美国独立革命运动如火如荼之时，在教育领域，韦伯斯特无疑也是一个争取民族自立的斗士。他开始着手进行编写新教材的工作，在新编写的教材里，他着重宣扬了"民主理念"和"道德行为"。

但是，他的这一做法却遭到了保守势力的阻挠。为了推动教育改革，他积极发表有关教育、政治等方面的评论，提倡美国文化，极力主张美国的学校应该要有美国人自己的教科书，否则将会沦为英国文化的附庸。

1783年，韦伯斯特编纂的蓝色封面的英语课本出版了，该课本被称作是"英语文法的制定"。这是属于美国孩子的最早的课本，一出版就受到了普遍的欢迎。此后百年间，韦伯斯特的书一直都是美国孩子们学习语言的蓝本，本杰明·弗兰克林就是用他的课本教孙女读书的。

6年后，韦伯斯特娶丽贝卡·格琳里芙为妻，令人欣喜的是，他们共有8个孩子。他们全家曾经在阿莫斯特住过一段时间，韦伯斯特帮助当地成立了阿莫斯特大学以后，全家再次搬回到纽黑文居住。

美国赢得独立战争的胜利深深地鼓舞了韦伯斯特，他决定编写一本美式英语工具书。因为在他看来，美国各地的人们在拼写、发音以及措辞用语上都不尽相同，这会影响到美国人民之间的交流。另外他还以为完全承袭英式英语的做法，对于国家的凝聚力起着负面的作用。单纯从技术角度考虑，英式英语也存在着拼法不合理，过于教条的弊端，不注重以活的口语为基础，造成了人为的障碍。

1806年，韦伯斯特出版了他的第一本百科全书性质的英语辞典，并于次年开始着手大辞典的编纂工作。经过他20多年的不懈努力，美国历史上划时代的《美式英语词典》第一版终于在1828年出版发行了。当时他已经是一个70岁的老人了。为了使自己的著作权得到保护，他力促政府保证保护他的知识产权，并于同年4月14日得到了知识产权保证的批准。

《美式英语词典》收进了7万条词汇，对以后美国辞典的形态产生了决定性的影响。词典的题目不但显现了他对美式英语纵横天下的信心，也昭示了他的抱负和理想。在这本词典中，他改变了许多单词的拼法，尝试了更多的音素。今天，美国英语区别于其他国家英语的地方就是起

人文精英

源于此。

《美式英语词典》出版以后受到了普遍的欢迎，以至于"韦伯斯特"成了词典的同义词。现在我们可以经常看到，出版商把"韦伯斯特"这个词大量地应用在不同类型的字典类图书中，甚至《梅里安—韦伯斯特词典》也被认为是韦伯斯特的后人编纂的。其实，创建于1831年的梅里安—韦伯斯特公司是美国著名的辞典图书出版商。韦伯斯特逝世以后，梅里安兄弟从韦伯斯特后人那里购买了韦伯斯特《美式英语大辞典》。20世纪初再版发行的时候，仍然赢得了市场公众的信赖，获利颇丰。

人
文
精
英

《圣经》

虽然韦伯斯特取得了如此巨大的成功，但是他仍然把这些归功于上帝的恩赐。他认为那个关于语文起源于《圣经》，是超自然的，当亚当和夏娃请求神原谅他们罪过的时候，其本身就是语言，或者至少我们能够从中找到那个"神圣的起源"。

　　在韦伯斯特的字典里同样充满了来自《圣经》的摘录。比如"爱（love）"这个词就节录了马太福音中的话"你们要尽心爱主你的神"；"跟随（follow）"这个字也可以从《圣经》中找到，"若耶和华是神，就当跟随他"等。韦伯斯特是一个忠实的信徒，他想借助这些美妙的词句影响人们的道德观念。除此以外，韦伯斯特也常常运用自己渊博的学识加以解释。比如，他在"爱（love）"的解释中写道："基督爱他的《圣经》。我们爱那些给我们以快乐的事物，无论是出于本能，还是精神的需要，倘若我们的心是正直的，我们就会爱神胜于一切。"当然，

《圣经》

现代版的韦式大字典已经被大面积修改，那些引用《圣经》的章节和

人文精英

定义已经被更换许多，这也许是韦伯斯特不愿意看到的。

　　韦伯斯特对国家独立的追求，对美好事物的向往以及对宗教的信仰使他编纂的大辞典充满了无限的生命力，《美式英语大辞典》也是他献给美国人民的礼物。当我们循着《圣经》的亮光去追寻他足迹的时候，任何一个人都不会怀疑：如果没有一颗感恩的心，韦伯斯特不可能在20多年的时间里完成这本鸿篇巨制。

　　除了编纂大辞典以外，韦伯斯特还于1833年发行了他自己翻译的《韦伯斯特圣经》。在翻译过程中，韦伯斯特参考了希伯来语和希腊语，以及其他许多不同的翻译文本。也许由于韦伯斯特本身是一个信徒的原因，在书中，他试图将《圣经》的文化以美国人的方式灌输给美国人民，以此塑造后代子孙的世界观。

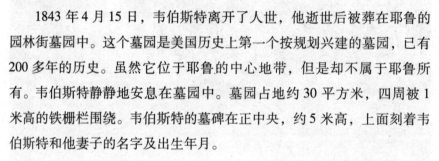

　　1843年4月15日，韦伯斯特离开了人世，他逝世后被葬在耶鲁的园林街墓园中。这个墓园是美国历史上第一个按规划兴建的墓园，已有200多年的历史。虽然它位于耶鲁的中心地带，但是却不属于耶鲁所有。韦伯斯特静静地安息在墓园中。墓园占地约30平方米，四周被1米高的铁栅栏围绕。韦伯斯特的墓碑在正中央，约5米高，上面刻着韦伯斯特和他妻子的名字及出生年月。

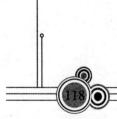

物理学家欧内斯特

欧内斯特·劳伦斯1901年8月8日出生于美国南达科他州坎顿城的一个教师家庭里。劳伦斯的父亲是威斯康星大学的硕士毕业生，在坎顿小城的市立学校当督学。书香门第出身的欧内斯特从小就受到了正规而系统的家庭教育和小学教育。在父亲的长期影响下，欧内斯特从小就对自然科学产生了浓厚的兴趣。他的想象力很丰富，动手能力也很强，经常自己动手制作发电机或无线电收音机等等。在中学的时候他甚至用自己安装的简易设备给外州发送过信号，当时的报纸报道了这个奇闻。

人文精英

南达科他大学

1919年秋欧内斯特·劳伦斯考入南达科他大学，但他选择上了医科大学预科。他选的第一门主课是化学，然后是数学、法语。因为只有在这里学基础课，才可以当作从事教育的基础。欧内斯特之所以立志学教育，是因为他父亲经常教导他："教育是一项十分高尚的职业，承担着拯救人类灵魂的神圣使命，为社会提供直接的服务。"

虽然欧内斯特准备终生从事教育，但他对自己从小的爱好却无法丢弃。相反，随着年龄的增长，他的阅历和各方面的知识都得到了不断增长，他对科学入迷了。欧内斯特找到了南达科他州电气工程学院的院长刘易斯·阿克利教授。当欧内斯特恭恭敬敬地走进去时，阿克利教授一下子就喜欢上了这个对科学有很高兴趣的年轻人。欧内斯特有条有理地向院长陈述了自己的想法：作为南达科他州大学的学生，无论他们是学习什么专业的，都应该对各种形式的无线电通讯感兴趣，将来无线电一定会在我们的生活中占有极重要的地位。因此电气工程学院应该安装一套无线电通讯设备，让学电气的学生学会操作无线电仪器，通过这套设备去了解全美国及大洋彼岸所发生的一切。

南达科他州

人 文 精 英

听了这一切，阿克利教授对这个富有说服表达能力的年轻人十分感兴趣。他不由地笑着问："哦，既然这样重要，那么购置一套最低限度的设备大约要多少钱？""不到 100 美元。"欧内斯特边说边递过一张纸，上面清楚地写着，多少钱能买什么东西，以及在什么条件下能完成什么项目。"好吧，让我考虑一下，明天下午给您答复。"阿克利有力地握了握小伙子的手，看着他走出了自己的办公室。他不禁感叹这位还未长大的小伙子不仅把要说的话准备得井井有条，逻辑严密，而且充满了对科学的热爱和追求，这一点是令阿克利教授最最赞赏的。他禁不住心头的喜悦，想到在自己从事教学和科研的漫长岁月中，这是第一次对一个学生产生了如此深刻的印象。晚上回家，他不住地和夫人谈论着欧内斯特："我今天遇到一位酷爱科学的小伙子，真奇怪，这样一个对科学感兴趣的学生，既不学物理，也不学电气，实在可惜。"

第二天，阿克利教授查了欧内斯特的注册档案，了解到他的数学成绩很好，中学时就对无线电很有研究。于是阿克利决定拨款购买无线电设备。当时，只有军队才有精良的无线电接受设备，对于一所大学这是不可能的。下午，阿克利竟然怀着一种迫切的心情在办公室里等待欧内斯特，一见到小伙子走进来，阿克利教授顾不得提及无线电设备的事，就问道："你是否有志推进新兴的无线电科学？还是打算到军队里去做一名无线电发报员？"欧内斯特告诉教授，自己的志向是当一名教师，将来好为社会培养人才。阿克利教授更加喜欢这个有高尚志向的青年了，想当初自己也是这样走上讲台的，而眼前这个青年比起自己当年更富有才气，他一定不仅可以当个教师，而且会成为一名了不起的科学家。他真想动员欧内斯特转到自己班上来学物理，但他坚信，无需自己的引导，一个优秀的学生，自然知道从哪里获取自己需要的知识。

阿克利教授的夫人，知道他十分欣赏这个难得的人才就劝他说："虽然你从来不主动诱导学生投奔你，但欧内斯特这样的学生是难能可

人文精英

贵的，要是轻易放过，您一定会终身遗憾。"

当订购的无线电发报机运到学校以后，欧内斯特非常熟练地对无线电发报机进行了组装。机器的质量不太好，欧内斯特就设法修理改进，终于使机器达到了最佳性能。当学校的发报机工作时，整座城市附近就无法收到其他的信号了。阿克利无法掩饰自己的欣喜，他坚信这是他一生遇到过的小伙子当中最杰出的一个。尽管如此，阿克利并没有勉强欧内斯特，只是继续与他亲密交往，让友谊自然地发展着。他们经常在校园里漫步，谈论各种感兴趣的科学问题。在阿克利下班回家的路上，也经常约着欧内斯特，阿克利经常给欧内斯特介绍物理学界的伟大人物。

物理学家赫兹

他告诉欧内斯特，第一个用无线电来产生电波和接收电波的人是赫兹，在这个领域内，赫兹就是"新大陆的发现者"；他讲了爱因斯坦震惊世界的理论；讲了伦琴发现的 X 射线，为现代物理学揭开了序幕；还讲到一个也叫欧内斯特的人——欧内斯特·卢瑟福爵士提出的原子结构模型，告诉欧内斯特就在去年，卢瑟福在他所领导的卡文迪许实验室，用居里夫人刚刚发现的镭中的 α 射线分裂了原子，将一种元素嬗变成了另一种元素……

暑假前，阿克利终于忍不住劝告欧内斯特考虑转换专业。他说："你在我身边度过假期，如果我不能使你对物理发生兴趣，我就不再提起改学物理的话题了，否则你就要来读物理专业。"欧内斯特欣然答应

人
文
精
英

了。在暑假的6个星期中，欧内斯特十分专注地跟着教授边学习，边做实验，到新学期开学时他已经完全达到了二年级学生的水平。开学以后他跟着物理系三年级上课，但没有多久他的成绩又遥遥领先了。很快他就成了全校注目的优等生。

有一次校长曾这样预言："同学们，请你们都认识一下，这是欧内斯特·劳伦斯。请相信将来总有一天你们会因为曾经和欧内斯特在同一个教室里听过课而骄傲！"校长十分赏识他，有一次在上课时欧内斯特竟然打起瞌睡来，周围的同学们有点幸灾乐祸地希望校长当众批评他一次。然而校长却说："就让他好好睡一觉吧，他昨天夜里为了接收一种异常的无线电信号一整晚都没有睡觉。"就这样，欧内斯特成了物理学界的高材生。

居里夫人

大学毕业以后，欧内斯特告别了情同父子的校长阿克利教授，到耶鲁大学继续攻读，1925年他在耶鲁大学取得博士学位。从耶鲁毕业后欧内斯特留校当了助教。1927年，他应邀参观了法国德布罗意实验室，还拜会了剑桥大学卡文迪许实验室的卢瑟福、哥本哈根的尼尔斯·玻尔、哥廷根的费朗克、巴黎的物理大师居里夫人和德布罗意等。

1928年，劳伦斯为了有更好的研究条件到了加利福尼亚大学工作，两年以后他成了加州大学最年轻的教授。当欧洲的物理大师们为寻找高

人文精英

能量的粒子而呕心沥血时，28 岁的劳伦斯已踏上了制造"产生强大粒子流的强大机器"的艰难征途。

当时世界物理学研究的兴趣已集中到小小的原子核上，要想揭开原子中的秘密必须击碎原子，而要击碎原子必须以连续不断的、强度惊人的带电粒子流对原子进行撞击才行。当时一位物理学家爱丁顿曾设想建造一种能量很高的仪器，使原子核发生像太阳内部核反应一样的反应。根据这些想法，劳伦斯开始研制加速器。聪颖过人的劳伦斯发挥了惊人的想象力，设计和研制着一种回旋加速器。不久他提出了加速器的原理并制出了模型。当时很多学者认为这种东西在理论上是成熟的，但要想

人 文 精 英

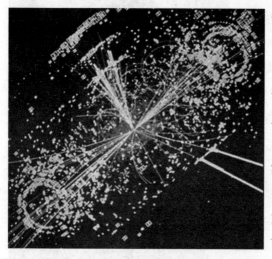

环形加速器

使它变成现实则是不容易的。劳伦斯不信这些泄气的论调，他坚定不移地支持理论物理学家奥本海默及助手们的研究工作。

1931 年劳伦斯与奥本海默合作的世界上第一台回旋加速器终于问世了。1932 年，他又造出了一台可以把质子加速到 1.2 百万电子伏的新的回旋加速器。1936 年，他担任了加利福尼亚大学辐射实验室的主任，后来人们称之为劳伦斯辐射实验室。

欧内斯特的成就是了不起的，但他自己并不以为然。1938 年 11 月，随着公布诺贝尔奖的日子越来越近，美国物理学界也越来越不平静，因为 1938 年度的诺贝尔物理奖得主不是意大利的费米就是美国的欧内斯特。费米的成就在于论证了由中子轰击所产生的新的放射性

元素；欧内斯特则是动手制造了第一台环形加速器，使获得高能量的粒子流用以击碎原子核成为可能。相较之，欧内斯特得奖的概率似乎大一些。而他本人却全然不把此事放在心上，他对妻子说："这同我的工作不相干。"公布名单的那天早晨，他和往常一样走进实验室准备继续工作。但是，眼前的情况令他大吃一惊，实验室里挤满了手拿话筒和工作手册的记者，一架架摄影机的镜头对着他，地上到处都是工作电线。他只好转身回家去，到了家里也是一派完全相同的景象，妻子正不知所措。

上午 10 点，电台播发了来自斯德哥尔摩的消息：意大利的费米获奖。记者们一下子都泄了气，但欧内斯特却笑着说："一星期之前我就知道可能是费米得奖，他是当之无愧的，我为他高兴。"欧内斯特的妻子也和他一样坦然，甚至还在开着玩笑，丝毫没有失望的情绪。

回旋加速器

午饭后，欧内斯特到实验室去安慰失望的同事们。欧内斯特说："奥本海默，还有阿尔费来德，我们没有时间叹息，因为我们并不是为了获奖才工作的，我们要为我们年轻的共和国早日成为哥廷根、剑桥、哥本哈根一样的科学中心而奋斗"。实际上欧内斯特的愿望很快就实现了。

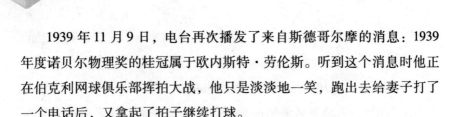

1939 年 11 月 9 日，电台再次播发了来自斯德哥尔摩的消息：1939 年度诺贝尔物理奖的桂冠属于欧内斯特·劳伦斯。听到这个消息时他正在伯克利网球俱乐部挥拍大战，他只是淡淡地一笑，跑出去给妻子打了一个电话后，又拿起了拍子继续打球。

除了研制回旋加速器，劳伦斯还亲自使用回旋加速器研究过多种核反应，相继得到放射性钠、钍、碳 – 11、铀 – 233 等物质。1936 年，他与弟弟约翰合作用中子诊治癌症，取得比 X 射线更好的疗效。1939 年，他用放射性铁对狗进行体内铁新陈代谢的跟踪研究。

欧内斯特成就卓著，然而他从不忘记自己走上物理学研究道路的领路人——独具慧眼的伯乐阿克利教授。毕业 20 年以后，他曾回母校拜见敬爱的老师和师母。欧内斯特特意举办了盛大的招待会表示对启蒙老师的感激之情。在招待会上他说："我得以在这美好的领域辛勤工作，应归功于受人尊敬的院长阿克利教授的启示。"阿克利教授在应南达科他教育协会刊物之约写的文章中说："有人说我的工作是发现了'法拉弟'，其实，是欧内斯特发现了我，是他教会了我如何去辨认和培养'法拉弟'，为此，我非常感激他。"

欧内斯特·劳伦斯是世界上第一颗原子弹研制的领导者，是放射性同位素在医学和工业上应用的先驱。1958 年 8 月 27 日，欧内斯特在加州帕洛阿托去世，终年 57 岁。

1961 年，美国一个研究小组在劳伦斯曾经工作过的实验室里发现了一种新的元素，也就是第 103 号元素。人们为了纪念欧内斯特·劳伦斯在物理学上的杰出成就，于是把这种新元素叫作"铹"。

人
文
精
英

神经生物学家格林格德

保罗·格林格德教授，1925 年出生于纽约，2000 年诺贝尔医学奖得主。

保罗·格林格德教授从事神经科学研究起步较晚。1953 年他在霍

人文精英

洛克菲勒大学

普金斯大学获得博士学位后，曾周游英伦 6 年。在伦敦、剑桥、英国国立医学研究所等一流的生物化学实验室作博士后研究。1959 年格林格

德回到美国，由当时在美国国立卫生研究院的尤丹福朗德推荐，去盖格药厂主管生化研究。不久格林德就发现工业界不是他的兴趣所在，便去了萨德蓝德教授（环化腺苷酸的发现者，1971年诺贝尔奖得主）处作短暂进修。从20世纪70年代开始，格林格德就研究蛋白质磷酸化对脑

保罗·格林格德

功能的作用。他还先后任教于爱因斯坦医学院、耶鲁大学和洛克菲勒大学。

格林格德的最重要的贡献在于揭示了慢速突触传递是通过蛋白质的磷酸化和去磷酸化实现的。蛋白激酶能给许多不同的靶蛋白加上磷酸基团，这个过程称为磷酸化。蛋白激酶能使靶蛋白的结构和功能得到改变，有一类靶蛋白就是离子通道。磷酸化会调节离子通道开关的大小和快慢，以改变神经细胞的兴奋性。另一类靶蛋白是神经递质小泡上的调控蛋白，磷酸化能控制神经递质释放的快慢和多少。还有一类靶蛋白是细胞内的酶及其调控分子，磷酸化能改变它们的活性，从而影响细胞的各种功能。蛋白质磷酸化是脑内一种普遍的生化机制，而慢速突触传递也具有广泛的生理功能。揭示慢速突触传递的工作机制，不仅有深远的理论意义，而且有重要的应用价值。目前市场上用以治疗帕金森氏症、忧郁症和其他一些精神疾病的药物，都是在研究慢速突触传递的基础上发展起来的。

　　格林格德的另一个特点是科学大家的领袖风范和魅力。他对年轻人有一种特殊的感染力，使人感到与他共事很有前途。他非常支持年轻人对新课题、新问题、新技术的探索，有时甚至对一些与实验室当时的主攻方向并没有什么关系的问题，他也会支持。格林格德有对科学的敏锐洞察力，他对实验现象的本质和研究方向的把握有一种很好的感觉。同样的实验结果，他就常常能悟出别人意识不到的奥妙。他的实验室往往有五六十个研究人员，同时还与世界上十几个实验室进行合作研究。

人文精英

华尔街风云人物——罗杰斯

罗杰斯是现代华尔街的风云人物。他被人誉为最富远见的国际投资家，是美国证券界最成功的实践家之一。

罗杰斯 1942 年生于美国，1964 年毕业于耶鲁大学历史系，当年获牛津大学的奖学金，进入著名的牛津大学巴利奥学院学习政治、哲学和经济学。也许正因为有这些背景，罗杰斯才会告诉他的学生："学习历史和哲学吧，进行全球旅行，这样你才能挣大钱。"

吉姆·罗杰斯

1970 年，罗杰斯与另一位大名鼎鼎的投资家索罗斯组成了全球著名的大规模对冲基金——量子基金。罗杰斯负责证券分析，索罗斯专事买卖证券。两人配合十分默契、成功，使得量子基金连续十年的年均收益率超过 50%。1970 年量子基金开始时的资产额为 1200 万美元，到 1980 年已增长为 25000 万美元。1980 年，37 岁的罗杰斯从量子基金退出，他杰出的理财术为他自己积累了数千万美元的巨大财富。

1974 年，美国生产飞机和军用设备的洛克希德航太公司的利润大幅度下降，世间纷纷传言其即将破产，股票价格跌至破产的价位：2元。冷静的罗杰斯从国际竞争格局中看到，美苏两大国军事技术的较量必将愈演愈烈，美国政府必定会将巨大的注意力放在生产国防用的最优良设备上。因此，洛克公司将会得到美国政策性的大力扶助。基于这种预见，在人们大量抛售洛克公司的股票时，罗杰斯却大反其道并大量买进。不久后，洛克公司股票突然从寂静中暴发，股价从跌至破产价位的 2 元升到 120 美元，罗杰斯从而大获其利。

罗杰斯

1980 年后，罗杰斯开始了自己的投资事业。罗杰斯博览群书，学识广博，他始终认为投资家最重要的素质是独立的思考能力。他渊博的知识为他的独立思考奠定了坚实的基础。把投资的眼光投向整个世界的股票市场信息，是现代投资家一个独特性。罗杰斯恰是这方面的佼佼者。

罗杰斯既是一位杰出的投资家，还是一位优秀的大学教师。从1983年开始，他在哥伦比亚大学开设了最热门的高级证券分析课程。

1984年，外界极少关注，极少了解的奥地利股市暴跌到1961年的一半时，罗杰斯亲往事发地奥地利实地考查。经过缜密的调查研究后，他认定机会来了。他开始大量买空卖空奥地利企业的股票、债券。第二年，奥地利股市起死回生，奥地利股市指数在暴涨中竟上升了145％，罗杰斯大获其利，因此被人称为"奥地利股市之父"。

1987年，持续上涨数年后的日本股市渐渐趋缓。罗杰斯预见到日本股市的跌势即将开始。1988年，他开始大量卖空日本股票。事后的结果正如他所料，他卖空的每种日股都又相继跌价。1987年上半年，他预见到美国股市即将发生暴跌，因而适时卖空股票。1987年10月19日，美国股市崩盘，他的卖空操作又获成功。

在挑选股票上，罗杰斯最关心的不是一个企业在下一季度将盈利多少，而是社会、经济、政治和军事等宏观因素将对某一

罗杰斯

工业的命运产生什么样的影响，行业状况将如何变化等。只要投资者预测准确，而某一股票的市场与这种预见的价格相差甚远，那么这就是最能赢利的股票。因此，罗杰斯一旦发觉某种长期性的政策变化和经济趋势对某个行业有利时，立刻预见到该行业行将景气，于是大量购买这个行业里的所有公司的股票。每次都是大手笔，痛快淋漓。

为了在国际投资活动中稳操胜券，罗杰斯喜欢周游世界各国，体验新事物和会见新人物。他把这些作为了解证券市场动态的一种最直接的方法。为此，他走遍了各大洲，行程 104700 千米，打破了吉尼斯世界纪录。这种把投资研究与旅游娱乐结合起来的方式既使他的个人生活丰富多彩，又为他的正确投资准备了有价值的第一手信息。1990 年 5 月，罗杰斯再度访问中国。他认为，20 年后中国将立于世界经济强国之列，21 世纪将是中国的世纪。

1999 年罗杰斯第二次环球旅行时，投资上海 B 股，同样获得了巨大成功。《时代》称其为金融界的印第安纳·琼斯。

人
文
精
英

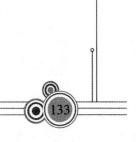

波音的故事

　　威廉·波音（1881—1956年），1881年10月1日出生于密歇根州底特律，1902年毕业于耶鲁大学工程学院。曾担任飞机设计师，美国飞机和运输联合公司第一任董事长。威廉·波音从耶鲁大学工学院毕业后，并没有从事工程设计，而是到华盛顿州做木材生意去了，在倒买倒卖林地中发了一点财。

　　波音于1908年回到西雅图。两年后，波音到洛杉矶去参加美国首次航空比赛。他试图乘坐其中的一架飞机，但是参赛的10多名飞行员中，却没有一个愿意帮忙。波音失望地回到了西雅图，但他决心在这门新的航空科学领域中去汲取更多的知识。在随后的5年里，波音的空中旅行几乎仅限于理论。他在西雅图的大学俱乐部里，与乔治·康拉德，维斯特维一起探讨有关空中旅行的话题。维斯特准是一名海

威廉·波音

军工程师，已经在麻省理工学院修了几门航空学课程。他们一起研究双翼飞机的构造，乘坐早期的 Curtiss 飞机和 Motor Company 设计的双翼飞机。这种双翼飞机要求飞行员和乘客坐在机翼上。维斯特维后来写道：他"对于乘客是如何稳稳地坐在机翼上，怎么也找不出任何确切的答案"。他们俩确信自己能够制造出比市场上任何飞机都更好的双翼飞机。

1915 年秋天，波音重返加州，向另一名航空先驱格伦马丁学习飞行。在离开前，他请求维斯特维开始设计一架更加实用的新型飞机。就这样，双浮筒式水上飞机的建造在波音的船坞展开了，波音和维斯特维以各自姓名的首字母将它命名为 B&W。

1915 年，波音与人合作设计制造教练机和水上飞机。1916 年波音又创办了太平洋航空产品公司，不久改称波音飞机公司。第一次世界大战期间波音公司迅速扩大。20 世纪 20 年代，波音除主持设计制造军用飞机外，还积极发展民用机和航空运输业务。

第二次世界大战前和大战中波音公司以设计生产重型轰炸机著称，此时波音工人不断加速制造 B—17。从空中俯瞰在西雅图的波音第二工厂，粗麻布搭建的房子和网状细麻布伪装的屋顶，使整个轰炸机制造中心看起来像个平静的郊区。当美国男人走上战场时，美国女人接手制造着飞机。成千上万以"铆工螺丝"为代表的女人，不但弥补了劳动力的不足，而且使生产力大幅度提高：飞机月产量从 1942

波音飞机

年的 60 架，惊人地扩大到 1944 年 3 月的 362 架。在那段时期，西雅图工厂曾经有过在 24 小时内制造 16 架飞机的记录！

人文精英

　　西雅图附近的波音伦顿工厂是为生产海军的 XPBB—l 远程巡航轰炸机而建造的。但是，由于战时的战略发生变化，偏向于陆基轰炸机。因此，在 1942 年，波音开始在伦顿工厂和堪萨斯州威奇塔工厂生产 B—29 轰炸机。新型"超级堡垒"在首飞后不到两年时间里就投入战斗。在威奇塔工厂，农民、家庭主妇和店主们以每班 10 小时夜以继日地制造着 B—29，这段生产后来被称为"堪萨斯战役"。

　　在 1936 至 1944 年期间，波音公司为法国制造了 240 架道格拉斯 DB—7B 攻击轰炸机；制造了 750 架韦科设计的载货和载人滑翔机；制造了 8585 架西点学生教练机，这种教练机是于 1933 年首次引入到威奇塔的斯蒂尔曼飞机公司。波音加拿大飞机公司为加拿大皇家空军制造了 362 架由圣地亚哥联合飞机公司设计的 PBY 飞艇和两栖飞机与 16 架英国设计的 Blackburn Shark 鱼雷飞机。波音还制造了 3 架 XF8B—1 战斗机和轰炸机。

波音 777 飞机

战后，波音公司除继续研制和生产 B—47、B—52、KC—135 等著名军用飞机外，主要设计生产波音 707、波音 727、波音 737、波音 747、波音 757、波音 767、波音 777 等一系列大型喷气运输机。

到了 20 世纪 50 年代晚期，在第二次世界大战的战火中锻造出来的技术，已经影响到商业和制造业的各个方面。在将近 10 年的时间里，这些技术把文明世界推向了现代化时代。波音总裁艾伦认识到，波音公司凭借其拥有的科学家、经验和设施，能够引领国家进入一个前所未有的时代——突破声音、时间和空间的障碍。

超音速飞机

人文精英

出现于 20 世纪 40 年代的曾经用来引导导弹飞行（包括波音的地对空无人驾驶飞行器 GAPA）的模拟计算机，已经开始飞速地发展。GAP-A 是一个 16 英尺长，头部呈针状，使用固体燃料的超音速火箭。GAPA 的开发是针对德国的喷射推进式炸弹而开发的。GAPA 的开发为 1957 年大规模生产 45 英尺长的波马克导弹打下了基础，这种导弹的用途是

拦截敌方入侵飞机。

　　随着冷战的持续，波音凭借自己的导弹经验，开发出一个洲际弹道导弹系统，它包括基地、安装和维护，从而赢得了民兵导弹项目。波音工程师们利用这种基于火箭的技术，来设计"代纳滑翔"号可重复使用的载人太空飞行器。当它被火箭送入轨道后，可滑翔于地球高空大气层。1963年，当"代纳滑翔"进入实物模型阶段时，该项目却被取消了。这个概念在20年后，以航天飞机的形式得到再现。那时，波音已经参与阿波罗项目，该项目于1969年将人类送上了月球。

人
文
精
英

华人风采

留学先辈容闳

　　容闳，这个名字百年以来，始终与留学这个词有着紧密的联系。无疑，他是近代中国留学史上一个最有名的奠基者。而他的成功，或者说他一生为之奋斗的事业，确有一点偶然性。容闳的留学生涯，源于他那曲折艰难的童年时代，一个料想不到的机遇。

　　容闳，原名光照，号纯甫，1828 年出生于广东省香山县的南屏镇（现为珠海市南屏镇）。这里景色宜人，物产丰盛，是南海之滨的鱼米之乡。但在那时，容闳一家却过着食不裹腹的凄苦生活。

　　容闳家里一共 6 口人，父母、一哥一姐一弟，全靠父亲下田劳动为生。容闳 7 岁时，非常想读书，父亲便把儿子送进澳门传教士办的教会小学读书，因为这里不要交学费。

　　澳门教会小学创办于 1834 年，由英国伦敦妇女会经办，具体负责的是传教士郭士立夫人。她专招中国女孩进校学习。第二年，为了纪念著名传教士马礼逊在华的传教业绩，特地在教会小学里设立了男生部。恰好此时有一个南屏

中国最早的留学生——容闳像

人在该校任职，他与容闳之父关系不错，通过此人，容闳才得以进入教会小学读书。

这年盛夏时节，容闳的父亲带着 7 岁的儿子来到澳门教会小学。郭士立夫人前来接收自己的学生。这是小容闳第一次看到高鼻梁蓝眼睛的西方人，而且还是个女人。这个外国女人个子比父亲还高大，眼睛大而内陷，头发蓬松，面色严峻，容闳顿时吓得钻进父亲的肘下，不敢露出脑袋。不管他乐意不乐意，教会小学倒是看中了他，郭士立夫人认为这个中国小男孩长得还算机灵，便把他收下了。于是，小容闳便每天在教会小学读起了圣书，背起了英文祈祷词，成了一名有可能成为传教士的学生。

然而当时容闳年岁还小，加上又远离家乡，在这个生活单调枯燥的小学里生活难免很不习惯。有一次，他居然联合了几个跟他相同年龄的

容 闳

男孩偷来了一条船，企图逃回南屏镇去，但半路上便被截回来了。郭士立夫人毫不客气，给这个起事的为首分子戴上高帽，挂起大牌，罚站了一个多小时。从此，容闳再也不逃走了。

由于经费困难，澳门教会小学不久就停办了。容闳只好回到家乡南屏镇去劳动。这时他才觉得有机会读书是多么幸运的一件事啊！

没过几年，鸦片战争就爆发了。雪上加霜的是，容闳的父亲去世了，家境因此更加困难。小小年纪的容闳不得不提着篮子上外面卖水果，挣一点钱换得食物。后来容闳曾往传教士办的印刷所当童工。1841 年，通过传教士霍白生，他又进入在澳门教会小

学基础上重新开办的马礼逊学校读书。当时主持该校校务的是美国传教士布朗。布朗 1832 年毕业于耶鲁大学，曾获博士学位。1839 年来华，主持筹办马礼逊学校。第二年，马礼逊学校招收中国学生黄胜、李刚、周文、唐杰、黄宽等人。学校主要上英文、算术、几何、地理、音乐等课。容闳由于学习用功，考试总是名列第一，博得了布朗的赏识。

马礼逊学校在洪港的一座小山上，校舍扩大，教学逐步正规，学生也增加到 40 多人，分三班上课。一直到 1846 年，容闳在这里受到了系统的教会教育。这种教育具有明显的二重性，一方面，它使容闳学到了一些先进的科学文化知识；另一方面它又向容闳灌输崇洋媚外的思想和宗教意识。布朗曾给学生出过一道作文题《意想之纽约游》。容闳极尽全部想象，大赞了纽约"天堂"般的生活，他日夜憧憬着到美国一游。这个机会终于来到了。1846 年冬，布朗因身体不佳，准备返美，并要

马萨诸塞州

带几名中国学生同往，容闳第一个报了名。虽受到其母的阻拦，但容闳

千方百计说服了母亲，终于在第二年 1 月 4 日，同黄胜、黄宽和布朗夫妇一起搭乘美国阿立芬特兄弟公司来华运茶的商船，扬帆赴美。到达美国后，容闳前往马萨诸塞州，进入孟松学校读书。

容闳当时虽然有传教士资助的钱，但远不够用。因此他除上学外，还要做小工，如帮人洗衣服、拉煤球赚点钱，以维持生活。他黎明即起，打扫庭院，生火做饭，在忙乱中奔向校门，过着一种艰苦而紧张的学习生活。

孟松学校是一所初级中学，当时美国尚没有高中，凡准备升入大学者均往此类学校学习，作为预备。当时的校长叫海门，毕业于耶鲁大学，好古文，擅长英国文学，尤其喜欢莎士比亚的作品，而且善于演讲，富于教学经验，是颇有点儿名气的教育家。在海门的影响下，容闳对英国文学产生了浓厚的兴趣。英国著名作家的许多文集他都认真看过，还钻研了一些哲学、心理学和自然科学等方面的著作，西方资产阶级文化开始在他头脑中生根了。

1848 年秋，容闳同行 3 人中的黄胜病重，不能坚持学习，提前归国。而按传教士拟定的资助容闳学习两年的计划也将期满，容闳、黄宽 2 人日夜商讨期满后如何办的问题。他们在孟松学校的学习刚刚入门，迫切想多学点知识，不愿归国。但经费无法解决。后来通过布朗、海门的关系，香港的几位英国老板答应资助经费，但要求他们在孟松学校毕业后往英国苏格兰爱丁堡大学学习专科。黄宽十分赞同，遂于 1849 年备妥行装，启程赴英。但容闳却拒绝前往，因为他这时一心想考耶鲁大学，然而经费却没有着落。海门出于好意，请容闳填写传教士志愿书，因为如果成为传教士，教会可以资助他上耶鲁大学。然而性格倔强的容闳婉言谢绝了。

这样，容闳简直到了山穷水尽的地步。直到 1850 年夏天到来后，容闳的境况才有所好转。通过布朗的活动，容闳坚定的求学精神博得了

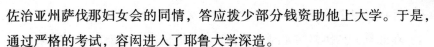

佐治亚州萨伐那妇女会的同情，答应拨少部分钱资助他上大学。于是，通过严格的考试，容闳进入了耶鲁大学深造。

耶鲁大学历史悠久，设备完善，图书丰富，教师力量强，所学课程程度也较深。容闳一则由于没有受过各方面的专门训练，基础差；二则由于妇女会所资助的经费有限，还得忙于做小工弄钱，所以学习十分吃力。刚入校时，他每天读书至深夜，从不休息运动，致使身体非常瘦弱，身体健康状态欠佳升入二年级后，他的功课依旧不好，尤其是微积分，他根本不懂，每次考试都不及格。长此以往，未免要留级，容闳非常担忧。幸亏他的英文基础好，成绩出众，这样一平均才勉强及格。到三年级时，他学习入了点门儿，英文成绩连获首奖，同学们皆刮目相看。曾和他同过学的白博士回忆说，容闳刚进校时，"异服异俗，颇受人笑"，但后来"两得班中英文第一奖品"，则无人敢取笑了。

但是容闳不敢骄傲自满，因那门基础薄弱的微积分仍没有过关，经费困难又时时向他袭来。为了解决经费问题，容闳积极在校谋求职业。

第三学年时，高年级同学二三十人自办伙食，容闳自告奋勇去充当他们的司务长。晨起为之采购蔬肴，饭时为之供应左右，赚得几元钱，可供容闳吃饭费用。与此同时，学生中还成立了兄弟会等小团体，自备有图书室，容闳就自荐充任他们的图书管理员，每月可得30元钱。

由于容闳热情负责，第四学年兄弟会仍一致推举他任管理员。这样，容闳一方面解决了后顾之忧的经费问题，一方面又有条件得以博览群书。同时，在学习之余，他还积极参加各种体育活动，尤其喜欢足球，经常参加一二年级的足球比赛。

那时他身穿"老旧衣服，头戴一高草帽紧压其盘卷的辫子，在球场奔驰"，被同学们誉为"传奇式足球英雄"。1854年，容闳大学毕业，各门功课都取得了较好的成绩，获得了学士学位。4年的大学生活在容闳的一生中占有重要地位。此后，他基本上变成了一个资产阶级知识分

华人风采

子，并在思想中形成了资产阶级改良主义的救国方案。

在耶鲁大学快要毕业时，"中国之腐败情形，时触于怀，迨末年而尤甚，每一念及，则为之怏怏不乐"。富于爱国心的容闳一心想改变中国这种腐败落后的面貌。但他到美国后完全进入了另一世界，这里经济发展，社会繁荣，生活水平高，文化发达。而且当时美国正处于兴盛时期，容闳所在的马萨诸塞州又是美国最早的工业区，这里各种工农业生产迅速发展，城市建设日新月异，更使容闳赞叹不已。

容闳本来就极度崇尚西方文明，他在美国接触到的又主要是教育界人士和传教士，所以他根本不可能认识美国资本主义生产飞速发展中所出现的经济危机和劳动人民生活的困难。他认为美国一切都好，美国式的资本主义社会成了他理想中的"天堂"。容闳大学毕业后，一个固定的认识便在他头脑中确立了，美国式的社会制度、生活方式、思想文化就成了他心目中解救中国的最佳方案。如何才能使中国变成美国这样的强国呢？这就需要向美国派留学生。

在容闳看来，如果多数中国人能像他这样接受美国式的资产阶级教育，了解和掌握西方的社会科学和自然科学，他们归国后对中国进行改造，就会使中国变成美国式的发达国家。这叫做"以西方之学术，灌输于中国，使中国日趋于文明富强之境"。

1854年11月13日，容闳抱着这种"教育救国"的理想，从纽约乘船归国。经过容闳10多年的辛苦奔波，由官方派遣留学生赴美之事终于有了眉目。

1871年，中国清政府第一次正式选派的出国留学计划开始实施运行。由于种种原因，招收去美国留学幼童的工作进展困难，容闳费了很大气力也未能招够30名。他不得已，还跑到香港勉强凑足了人数，这才开始集中培训。

在1872年8月11日，容闳招收的留学幼童队伍途经日本，再转道

美国。6天后，船只到了日本的横滨港。他们换乘了一艘"中国"号，继续向万里之遥的目的地——美国进发。横渡太平洋花了快一个月的时间。这是一个漫长而令人疲乏的航程。但对于这些从没乘过船，更没见过如此多新鲜事物的男孩子来说，对海上航行并不感到特别乏味。在风和日丽的日子里，他们可以在甲板上散步，注视着蓝天与不时飞出海面的鱼儿，他们甚至还有机会看到巨大的鲸鱼。鲸鱼成群结队地在海面上出没，不时向空中喷出一道道蔚为壮观的水柱，令这些孩子无比兴奋。

经过艰辛的航程"中国"号终于到达了目的地圣弗朗西斯科（旧金山）。圣弗朗西斯科是近代许多去美国的中国人的必到之地。那时，圣弗朗西斯科已相当繁华，港口上船只众多，穿梭而行；岸上楼房绿树白墙，鳞次栉比。

他们在那里停留了3天，没有任何学习任务，只是让他们外出参观游览，天性爱玩的孩童们觉得美国真是很好玩的地方。参观游览完之后，他们依依不舍地离开了圣弗朗西斯科，又平生第一次坐上了用铁轮子转动的长长的火

横滨港

车，横贯美国大陆，连续行程6天6夜，走了3000多米，因为那时火车没有餐车，所以必须在就餐时间停下来，让乘客下车去找地方吃饭，这样对行程就有了很大的限制。

在火车站附近有许多餐馆，它们都是为乘坐火车的旅客服务的。中国幼童们看到，这些餐馆大多在门口站着两个人，一个摇着铃，一个打着锣，以此招徕食客。火车停下让旅客就餐的时间很短，通常只有15

华人风采

分钟。当火车要开行的钟声一响，大家便得放下饭碗往火车上跑，不管你吃饱与否，车是不能误的。

在旅程的头两天，要越过落基山，因此火车穿过许多隧道。在以后的 4 天，火车则是奔驰在中西部一望无际的草原上。这里最吸引人的便是那些穿着土著衣服的印第安人，他们的黑色头发上插着鹰的羽毛，脸上像中国京戏演员那样涂着各种鲜艳的颜料，挽弓佩箭，神气活现。

中国幼童还看到了在草原上自由自在的美国野牛。每当火车经过野牛群时，它们便兴奋起来，乱跑乱窜……异国他乡的种种风景，使孩子们大开眼界，如同进入了一个神奇无比的世界。

幼童们到达美国后，大致按两三人一组，分别被安排在居民家中住宿。这样，一来在生活上好照顾，二来容易过语言关。美国友人十分热情地接待这些小客人。幼童每到一家，房主人总是出门迎候，嘘寒问暖，非常客气地迎进早已打扫得干干净净的房间。

印第安人

让人高兴的是，房主人不仅关心这些幼童的学习、身体、日用起居，而且照顾他们的衣着和生活习惯。因此，这些幼童在很短的时间内就熟悉了周围的环境，和房主人建立起了良好的关系，尤其是和年龄相仿的美国小朋友混得很熟。不久，幼童们外貌大变，许多人将讨厌的辫子盘起来压在帽子底下。由于幼童们年岁小，对新事物接受得很快，改变起来也很容易。这些中国去

的幼童很快被美国的社会风俗所同化，几乎和美国小孩子过着一样的生活，有着相近的审美观点和社会理想。

美国人对这批中国幼童也产生了浓厚的兴趣，千方百计地从各个方面给予关照和培养。上海《万国公报》报道说："美国富商眷属以及官眷见中国诸童颇为爱惜，常有招去留之饮食，或者赠物而归，书院中熟师足称隆宠，细心优待，可谓至矣。"

有的留美幼童后来回忆他们那时过的是一种"少年不识愁滋味"的美好生活。一个名叫罗国瑞的幼童在后来写给美国友人的一封信中说："读您的信使人忆起在西海文我们共同度过的童年，那里有海滩与树林，我相信我一生中最快乐的日子是在那里度过的。人人是那样的和蔼可亲，而最使孩子们常念不忘的是那些丰盛可口的食物，就在这种无忧无虑的环境下，我们共同步入成年。"

1874年，在容闳的建议下，清政府用43000美元建造了一座大楼，作为中国留学生的办公、学习和生活用房。这幢楼有3层，位于哈特福德城克林街352号。内有大课堂，可供幼童上课，还有餐厅、浴室、卧室以及监督、教员的办公室，能同时容纳75人住宿。容闳建议造此楼的目的，一是为留学生教育提供方便，二是想借此使清廷派留学生的政策牢固下来，不致中途变化。他说："我建议设事务所的动机是使留学教育在美国深深扎根，从而不给清廷任何一点儿后退的机会。"1875年，容闳等人迁入这座大楼办公，并正式命名为留学事务所。这一举措无疑促进了留学事业的发展，为幼童们的学习和生活提供了方便。

幼童们的学习是十分紧张的。他们既要学习英文，也要过汉语关。于是他们就利用分住在美国友人家里的有利条件，抓紧时间学习会话、写字，进步颇快。

容闳等在汉语教习方面对幼童们抓得更紧。一般是3人同伴至留学事务所教习，每次12人，学习期限两周，然后依次轮换，分班教授。

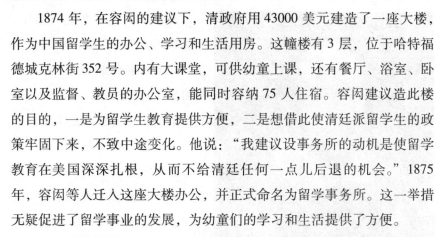

华人风采

幼童们主要学习写字、讲论、作文，大体早上 6 时就要起床，很晚才归。连幼童写家书也限定每月不超过两封。

由于教师抓得紧，幼童学习努力，很多人在短时间内即掌握了英文和汉语的基础知识，进入小学学习。小学毕业后依次考入中学、大学及种类专科学校。

美国《纽约时报》赞扬说："中国幼童均来自良好的高尚家庭，经历考试始获甄选。他们机警好学、聪明、智慧。像由古老亚洲来的幼童那样能克服语言困难，且能学业有成，吾人美国子弟是无法达成的。"

留学生在学习中，除了学习专业课程外，还博览群书。比如美国的哲学、历史、小说、诗歌等社会科学书籍，西欧文艺复兴时期的一些著名文艺作品，如莎士比亚的戏剧和小说，薄伽丘的《十日谈》等都在留学生的阅读之列。其中一些成绩优异者还试图将一些著作译为中文。

华人风采

莎士比亚

所以，在这种文化背景下，不管管理人员如何做，中国留学生已经不可避免地受到了西方资产阶级文化的感染，有的在一定程度上趋于已经被西方文化同化了。留美学生在读书之余还经常出外参观游览，以增长见识。

1876 年举行美国独立 100 周年纪念，在费城举办 37 国参加的博览大会，其中专门设有中国馆，留美幼童 100 多人在老师的带领下赶来参观。他们彬彬有礼，落落大方，"游览于千万人中，言动

自如，无畏怯态"。

通过这样的参观实习，幼童们学到了许多在书本上学不到的东西。当时正在那里游历的李圭称赞美国的教育"不尚虚文，专务实效"，"课程简而严，教法详而挚"。同时认为幼童和老师间"情洽如骨肉"。

在这样严格、紧张而又形式活泼的学习环境中，留学生在德、智、体几方面都有明显的进步，普遍赢得了好评。留美学生不仅学到了科学文化知识，而且为中国赢得了荣誉，增进了中国人民和美国人民之间的友谊。然而，按照清政府的标尺来衡量，留美幼童的这一切新变化却都是在背离封建主义传统的纲常礼教，是在走向一个他们不能容忍的新境界。因此，当封建官僚中的顽固派发现这种情况后，便竭力反对，所以围绕着留美学生问题，清朝官吏中间出现了一场争论。

李鸿章

曾国藩、李鸿章等洋派官僚虽然出于洋务事业的需要，支持派留学生赴美，但他们并不希望留美学生成为新型的资产阶级知识分子。他们的主观意图是要留学生既能掌握美国先进的科学技术，又能不超越封建专制的轨道。

但是，随着时间的推移，美国的资产阶级思想和社会习俗逐步侵入了幼童们的头脑。这种潜移默化的影响，使他们对枯燥的封建教条和清廷烦琐的封建礼节产生了反感情绪。比如他们对封

华人风采

151

建的八股文不感兴趣，对下跪叩头十分反感。

这些年龄渐长的中国孩子开始崇拜美国的繁荣，向往那里的"自由民主"，热心和美国人交朋友。随着年龄的增长，"其一切言行举止，受美人之同化而渐改其故态"，"议论思想，悉与旧教育不睦"。

1881年夏，清政府决定将留美学生全部撤回。容闳闻讯后为此四处奔走。他联络了一些好友，由耶鲁大学校长朴德执笔上书总理衙门，劝清廷不要中途撤回留学生。他们提出的理由是：一、留美幼童学习、品行、身体各方面都进步很快，马上即可成才，中途撤回，对他们是毁灭性的打击；二、美国的老师和友人对他们进行过苦口婆心的教育和周到的照顾，和幼童们建立了深厚的友谊，一旦撤回，既使我们的友谊破裂，又对我们的教育是一种"毁誉"；三、吴子登等人那些攻击留学生的言论纯系造谣生事，如果清廷不信可以派人来调查，待弄个水落石出之后，再撤不迟。这是一封有理有据，字里行间充满了真正负责的态度和对留学生的浓厚友谊的信，清政府却置之不理。

美国大文学家马克·吐温得知留学生要撤回的消息后，亲自找美国前总统格兰德商讨。格兰德立即致函李鸿章，讲"幼童在美颇有进益，如修路、开矿、筑炮台、制机器各艺，可期学成，若裁撤极为可惜"。李鸿章见信后，虽有动摇，但最后仍然坚持全部撤回。

爱国诗人黄遵宪闻讯后，心潮难平，愤而作长诗一首，痛斥封建顽固派的卑劣用心，表述对留学生被撤的痛苦心情。诗云："新来吴监督，其僚喜官威，谓此泛驾马，衔勒乃能骑。征集诸生来，不拜即鞭笞。弱者呼暴痛，强者反唇稽。汝辈狼野心，不如鼠有皮……郎当一百人，一一悉遣回，竟如瓜蔓抄，牵累何累累。"著名改良主义思想家郑观应对撤回留学生也十分感慨，他在《盛世危言》中讲："全数遣回，甚为可惜，既然已经学了八九年，数学、文理成绩优异，不过加四年工夫，必可有观，何至浅尝辄止，贻讥中外。"可见，中外有识之士都清楚地指

华人风采

明了撤留学生是重大失策。幼童召集会议并派代表见容闳博士，希望他代表幼童同政府交涉。容博士安慰幼童，并告诉幼童此番回华是度假，将来再返美完成所学。由于这种"保证"，幼童才同意返国，但是仍有六个学生始终留美未归。中国幼童与食宿一起的美国家庭及与童年朋友告别，人人均很伤感。最重要的是，美国老师及监护人，那种"家长式的爱护"，使幼童们久久不忘。

就这样，和美国友人酒泪话别之后，幼童们分3批踏上了归国的路程。到达圣弗朗西斯科后，不少人即致信美国友人，表示深切的感谢和怀念之情。经两个整月在海上的航行，留美幼童在11月上旬安全抵达了上海。回到祖国，对于长年未归的少年人来说，无疑是快乐的。他们除了想见到自己的父母亲友，还想看到中国官员对他们去美国留学几年在学业上的收获给予的鼓励与肯定。

但是，他们却十分地失望。被中止学业回国的幼童是十分可悲可怜的。清朝封建统治阶级根本不重视人才，不重视实际知识。他们把去美国留学的只有十几岁的少年人当成了"洋鬼子"，同危险分子一样看待，以为他们是受了洋人的毒害，须严加防备，甚至要"洗脑"过后才能与外界接触。

首批到美国留学的幼童归国时，已有60多人进了大学，有的已毕业，有的正在撰写论文。其余50多人也将由中学或各种专科学校毕业。可以说大多数都学有专长，是难得的人才。但是，清廷在为这些留学生分配工作时，由于封建官吏不懂科学，没有最起码的学科知识，分配时全不按个人学业与志趣，全按那些无知的官员主观决定分配。好在这些人都学有专长，许多人后来都想法改变了困境，使自己的才学有所作为，成为对国家有贡献的专家。

华
人
风
采

中国铁路之父——詹天佑

在中国提到詹天佑，很多人都知道他的大名，八达岭长城下就有一座纪念他的纪念馆，还塑有他的铜像。詹天佑的名字是与中国第一条自己设计和建造的京张铁路联在一起的。而那条铁路的起点，应该在美国的耶鲁大学。

中国铁路之父——詹天佑

1861年4月26日，也就是清咸丰十一年三月十七日，詹天佑出生在广东省南海县一个没落的茶商家庭。詹家虽在广东南海，但祖籍却是安徽省徽州府的婺源县，现今婺源县已划为江西省管辖。詹天佑的祖上经商得法，生意越做越大，到他祖父詹世鸾时，干脆把家搬到广州定居了下来。

詹兴洪夫妇共生养了7个孩子。詹天佑是长子。一个家道中落的茶商想要维持这样一个人口众多的家庭，生活是很不容易的。在詹天佑7周岁时，其父亲为了培养自己的儿子长大成材，便想法把他送到了南海县一家私塾去念书。

詹天佑在私塾读书，接受的是传统的封建教育。但由于他的家庭及所在地与内地有所不同，从小他就接触到了一些西方资本主义的物质和精神内容。小小年纪的詹天佑对所读的《四书》《五经》以及做八股文章不感兴趣。

詹天佑另一个让人奇怪之处，便是他特别喜欢捏弄自己用泥土做的一些机器模型，而且对洋人带来的新奇玩意儿具有特别浓厚的兴趣。就在詹天佑11岁时，一个特殊的机会突然出现在他面前，从此改变了他的一生。清政府决定派遣幼童官费出国留学，学习那儿的文化与生活。经过考试，詹天佑顺利地获得了留美资格。

在1872年4月的某一日，詹天佑辞别了父母、弟妹，还有未来的岳父，跟随着容闳乘船离开香港到了上海。跟其他一些上海附近的幼童学生不同，他在预备学堂只学了4个月的英文，便随同第一批赴美留学的30名幼童上了船，前往那个陌生而神秘的美利坚合众国。

对于美国，詹天佑的第一印象是清新、奇妙的，并且消除了原先以为会有的那种过于神秘的臆想与敌视的惧怕。他与另一个幼童住进了康涅狄格州乡村的一户普通美国家庭。这家美国人有自己不太宽敞的住宅，主人种着一份田地，过着平静而丰裕的生活。

康涅狄格州

詹天佑很快就适应了异国他乡的生活环境，康涅狄格州风光宜人，气候温和，是一个适宜生活的好地方。境内有一条甘那的格河静静地流淌，沿河两岸是开阔的谷地。这里林木葱茏，鸟语花香，四季如春。大自然的美丽景色可以洗心涤虑，令人忘掉忧郁与思念。詹天佑很快适应了周围的一切，投入繁忙而有趣味的学习之中。

华人风采

詹天佑进的是康涅狄格州西海文的海滨男生学校，这是一所私人办的预备性学校，主要任务是训练从中国和南美洲各国来美国留学的幼童。学校的主要课程是英语，其次还要了解美国的风俗习惯。

这所学校的校长名叫诺索布，是耶鲁大学的毕业生。校长夫人名叫玛莎·诺索布，在这所学校担任教师。校长夫人对詹天佑非常好，所以詹天佑与这位夫人在以后的几十年还经常保持着友谊，时常有书信往来。

詹天佑

在西海文的这所学校读书，是詹天佑此生的一个重要阶段。诺索布夫人为詹天佑规划的人生蓝图，在詹天佑的一生中起了决定性的作用。

诺索布夫人发觉詹天佑的数学成绩很好，就一再鼓励他进耶鲁大学读理工科。詹天佑接受了她的建议，从而为他一生的事业奠定了扎实的基础。

在海滨男生学校读了两年后，1875年5月，詹天佑以优秀的成绩考入了西海文的山房高级中学。在这所学校里，他的成绩一直在班里名列前茅。进校的第二年，他的成绩就在全班排到了第二名。1878年，也就是詹天佑读高中的最后一个学期，他在期终考试中取得了全校第一名的优异成绩。最后，他以平均分数在全班第一，全校排第二的优异成绩从这所山房学校毕业了。

1878年7月，詹天佑考入了耶鲁大学的雪菲尔理工学院。进这个学院的入学资格是很严格的，每一名新生必须通过各种考试，其中的科目包括有英文、地理、拉丁文、几何、三角及英国历史等。詹天佑是中

国幼童学生中第一个考入美国大学的，而且考入的还是美国第一流的耶鲁大学。在这个学制为 3 年的大学里，詹天佑选择了他认为对自己的祖国十分有用的土木工程系。詹天佑是个勤奋好学的学生，在耶鲁大学，他仍然保持着优良的学风，他的成绩始终都很优秀。特别是数学课程，在班级与系里，都一直名列前茅，一二年级时，他接连两次获得数学课的奖学金。

1881 年，詹天佑完成了大学本科的学习，获得了学士学位。他的学位论文题目是《码头起重机的研究》。这一年，他才满 20 岁。然而就在詹天佑准备再接再厉，在学业上更上一层楼的时候，清政府突然下令把他们这些去美国留学的 120 名官费留学生撤回国。詹天佑并不知道为什么要把他们全部撤回去，他十分伤心，但也无可奈何，因为他们是

京张铁路

官费留学生，在美国所有的一切都得由清政府在美国的留学事务所监办负责。詹天佑很想继续求学深造，但他却无能为力，只能听从指令，回到了自己的祖国。然而让他宽慰的是，他已经读完了 3 年的大学本科，并拿到了学士学位，在土木工程系学到了可以施展才能的一些本领，回国后能够为国家效力，做自己想做的事了。但是，回国后头几年，詹天佑对前途不禁有些黯然失望。因为詹天佑不懂得如何学做官，不是那块求官上进的材料。于是回国后不久，詹天佑便被当成了次等生分到福州船政局，在后学堂学习驾驶。

回国后清政府对他们这样的安排，让詹天佑这个立志报国的青年着

实感到伤心。但他是一个要强好胜的人，从不认输，即使经历太多曲折，却仍然不屈不挠。詹天佑在福州船政局静心读书，钻研学业，半年以后，他居然又以一等第一名的成绩在水师学堂毕业。接着被就分配到扬武号兵舰，随英籍教官泰勒进行实习。此时他才21岁。

1884年6月，法国海军舰队侵犯福建沿海海面。8月，法军将领孤拔率舰五艘突然袭击了我国的马尾炮台及船厂。清军来不及防备，福建海军几乎全部被摧毁。在这次战事中，詹天佑作为海军一员，参加了战斗，并表现得十分出色。后两广总督张之洞得闻詹天佑的才能，便把他调到广东去，在广东博学馆任英文教习。在那里，詹天佑很好地完成了张之洞交给的任务：绘制了一份广东沿海险要图。而后，张之洞把博学馆改为水师学堂，詹天佑便在那里担任了英文教习，直到1888年后，他才重新回到自己在美国所学的专业上。

自1888年起，詹天佑便将自己的全部心血都用在中国的铁路建设上了。他先是参与修建了京沈铁路，并为滦河大桥的建成作出了重大贡献。

滦河大桥工程地形复杂，水流湍急。当时任该项工程总工程师的英国人金达曾聘请了英国、日本、德国的工程师，多次修筑，但均告失败，不得已才请来了詹天佑。

开始，英国人金达对詹天佑的能力还持有怀疑的态度，请他也是抱着"死马当活马医"的心情。詹天佑来到工地后，立即细细地勘察了地形和水文情况，并仔细地分析前几人失败的原因，以避免重蹈覆辙。经过他多次的修改，最后才确定了建桥的方案。

这位中国年轻的设计师与其他外国工程师不一样，在修建期间，詹天佑整天都守在工地现场，与广大劳工在一起干活，带头作业，如有不足，即可及时发现，给予修改。最后这条全长305米的滦河大桥终于建成了。这是由中国工程师设计完成的第一座现代式的桥梁。这座大桥建成后，令金达对詹天佑刮目相看，并向英国工程师学会举荐詹天佑。

华人风采

1894 年，英国工程师学会选举詹天佑为会员。

詹天佑最为卓越的成就是修建了京张铁路。从 1904 年开始，詹天佑便带着他的学生和其他工程技术人员开始勘测线路。消息传出后，外国人士纷纷咋舌，以为中国人不自量力，让詹天佑来做这项极其复杂艰难工程的总工程师，简直是在开玩笑，甚至断言：建造京张铁路的中国工程师还没有出世呢！

詹天佑对这些嘲笑的舆论他全然不理会，一心扑在勘测工地上。他连续往返数次，先后勘测了三条线路，进行对照比较，最后选定经南口、居庸关、八达岭到张家口的这条线路。

詹天佑选定的这条线路全长 200 多千米，途经高山峻岭、河沟险滩，尤其是居庸关与八达岭一带，层峦叠嶂，石峭弯多，修铁路有很大的难度。詹天佑在设计与施工中，采取土洋结合的办法，翻阅大量资料，多次进行实地试行，解决了一道道难题，终于把铁路修成了。

1909 年 8 月，京张铁路正式建成通车。通车这日，京城的王公贵族及文武百官，加上附近四乡八寨的老百姓，集结了数万人众，场面十分壮观。

京张铁路比原计划提前了两年时间完成，节约经费 28 万两银子，比请外国人修要省五分之四

京张铁路

的费用。真正实现了詹天佑提出的花钱少，质量好，完工快的奋斗目标。

詹天佑的伟大业绩在中国人心中留下了不可磨灭的印迹，他称得上是中国人中第一位留学回国后作出杰出贡献的奇才，是中华民族最优秀的儿子。

华人风采

中国开国总理——唐绍仪

在中国政界与外交方面特别突出的，无疑是当过内阁总理的唐绍仪。此人在中国历史上彪炳千古并留下了令后世今人为之敬重且值得自豪的一桩大好事。

唐绍仪是广东香山县人，在其 13 岁那年进了留美幼童预备学校，于 1874 年作为第三批赴美留学的幼童去美国读书。1881 年随撤回国的留美学生一同回国，此时他已经考入美国耶鲁大学了。

磨绍仪故居

唐绍仪是作为优等生被选进某个衙门充作翻译的，后来果然因头脑机灵，加上在美国学过一些西方的知识，受西方人的思想与思维方式的影响，慢慢地在衙门里有了一点小名气。后来让袁世凯得知，几番考察后，看出此人确有才干，便把他调到自己身边，引为亲信。

到了 1904 年前后，唐绍仪已是清政府的外交部侍郎，即外交部副部长之位了。这年，在西藏发生了一桩严重的事，在英侵略军的刺刀下，西藏地方政府违心地接受了城下之盟——《拉萨条约》。

这一不平等条约不仅让英国殖民主义者达到控制西藏的目的，还直接损害了中国各族人民的利益，更为严重的是西藏地方政府是否有权利与外国签订条约？也就是这一条约的合法性问题。

唐绍仪作为全权大使，率张荫棠、梁士冶来到印度加尔各答，与英国代表费礼夏商议修改《拉萨条约》问题。一开始，费礼夏先声夺人，气势汹汹地强求唐绍仪代表清政府正式签订《拉萨条约》，使之合法化。唐绍仪针锋相对，指出条约必须修改，并指出条约里别有用心的名词必须去掉。

经过多次辩论，费礼夏同意修改条约，被迫说中国是西藏的主国，拥有宗主权。但唐绍仪予以反驳，强调西藏是中国的一部分，中国是西藏的主（权）国，拥有无可争辩的主权。唐绍仪口齿伶俐，思路清晰，抓住要点，说得英方代表无言以对，难以争辩。谈判针锋相对，明争暗斗，互不相让。如果英国正视历史事实，承认中国的主权，《拉萨条约》顿时成为废纸，一切侵藏努力化为乌有。所以，在谈判桌前，英代表费礼夏自恃有英国武力的后盾，态度蛮横，不愿意放弃已经到手的侵略权益，多次威胁要中止谈判。但唐绍仪明白，谈判是清政府挽回权益的重要手段，破裂只会对英国方面有利，尽管敌强我弱，力量悬殊，尽管中国正义在握，但是面对强大骄横的英国人，就必须既坚持原则，又要有灵活性，须刚柔相济，张弛有度。在印度，唐绍仪与英军将领吉治纳是私人朋友，从交谈中获悉英国政局呈现出变化的迹象：激进扩张的保守党内阁将会垮台，自由党可能上台执政，谈判的形势有可能得到改观。

唐绍仪决定利用这一时机，报告清政府：英国将会变化，保守党会垮台，力主侵略西藏的印度总督寇松、谈判代表费礼夏也会由此被撤职，届时对中国有利。不过，就目前情况而言，呆在印度一天，就得谈判一日，这里的形势对中国是不利的。故特请中国借以不善办理为由撤销我的职务，召回北京，选择他人续议修约事宜。

华人风采

唐绍仪认为，这样做既能表现中国政府捍卫西藏主权的决心，也会加剧英统治集团的内部矛盾。反对党会以此为口实，攻击寇松和保守党政府，促使其垮台。另外派人继续商议修约事宜，有拖延之实，无中止之名，英国不能就此指责，推卸责任。中国以退为进，等待时机，掌握谈判节奏，就可以变劣势为优势。

清政府接受了唐绍仪的这一聪明的奏章，召回了唐绍仪，命令张荫棠继续商议，拖住英国人。他抱着"延宕不认则可，在我罢议以致生事则不可"的原则，采取拖延的方式，绵里藏针，外软内硬地对付英国。

唐绍仪

清政府的拖延战术使得费礼夏招架不住了，因为他知道时间拖延越久，对他与寇松的激进侵略政策越不利。1905年11月，费礼夏咄咄逼人，逼迫中国代表无条件接受英国的单方要求。张荫棠坚决拒绝。费礼夏恼羞成怒，便宣布谈判破裂，企图以此吓唬清政府，谋求让步。

费礼夏的蛮横态度遭到清政府朝野人士、各族民众的强烈反对。各家报纸立即予以报道和评论，形成强大的社会舆论，支持张荫棠，反对英侵略者。次年，英国政局果然发生重大改变，自由党组阁，一上台后，自由党便急忙把与中国谈判之事放在重要的位置上。重新开谈的中国代表又是唐绍仪，而英方代表则换了英国驻华使节萨道义。谈判地点放到了北京。

到1906年，经过中英两国的多次谈判，英国接受了中国提交的修约草稿中"英国国家永不占西藏边境及不干涉西藏一切政治"的条款；清政府则原则上同意英国提出光绪二十年七月二十八日，英藏所立之约

第九款内之第四节所声明各项权利，除中国独能享受外，不允他国及他国人民享受的条款，但是把其中的"不允"改成了"不许"，强调的色彩更为突出，并在此基础上签订了《北京条约》。

这样的修改，明确了西藏的归属地位，英国承认中国在西藏享有各种权利，实质上是承认了中国政府对于西藏地方的主权，并且通过国际约章法律化。同时，原来《拉萨条约》的第九款内的"外国"一词的范围得到了明确的指向，是指中国以外的其他国家，其中包括有英国，约束了英国对西藏的干涉与侵略，暂时挫败了其分裂西藏的阴谋。

唐绍仪在西藏问题的签约谈判上的才干与能力，让后人大为赞扬。在那时，能像唐绍仪这样跟不可一世的英国人谈判，斗智斗勇，着实是很不简单的。

华
人
风
采

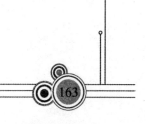

经济学家马寅初

马寅初纪念馆

马寅初 1882 年生于浙江嵊县。1907 年，出身寒微的马寅初以优异的成绩在北洋大学毕业，并被北洋政府保送到美国耶鲁大学公费留学攻读经济学。1910 年 5 月，马寅初以出色的成绩获得了经济学硕士学位，并考入被誉为培养政治、经济领袖人才的摇篮——美国哥伦比亚大学。在哥伦比亚大学，马寅初攻读经济学博士学位。由于当时政府提供的费用越来越少，他只好勤工俭学，到餐馆去端盘洗碗以及到港口码头做苦力。后来，北洋政府干脆停发了一切留学费用，留学生或回国或留美学习，任凭自己选择。当马寅初陷入困境的时候，他的博士生导师、美国著名的财政学家赛利格曼教授向他伸出了援助之手，并对马寅初说："你一定要在美国读完博士学位，我资助你读书的费用。"

当时在中国留美学生中，对撰写学位论文普遍是"避今就古"，如攻读哲学、政治的就选择《中国古代哲学概论》《中国秦汉政治史纲》等题材，其"好处"是因为美国教授们对中国古代学术与史料的研究，毕竟不太精通。这样论文往往容易被主考官通过而取得学位。马寅初对上述"窍门"却不屑一顾。他在哥伦比亚大学撰写经济学博士论文时，独辟蹊径，选择了美国纽约财政问题作为论文的主题。为了撰写这篇论文，他跑遍各大图书馆及资料室，翻阅了数以百计的书籍、报刊、资料，做了数十万字的笔记。经过半年多时间的努力，在导师赛利格曼的指导下，1914年马寅初完成了博士论文写作。

1915年马寅初回国，在北京大学先后任经济系教授、系主任和教务长，兼任浙江兴业银行顾问，中国银行总司券，中国经济学社社长等。后任南京政府立法委员，抗战时任重庆大学商学院院长。

北京大学校园风光

在抗日战争中，马寅初目睹国民党反动派的腐败和民族危机的深重，遂挺身而出，以写文章、作讲演等方式来反对官僚资本主义和通货膨胀，反对出卖民族利益和独裁统治。由于他的爱国和正义行为揭露了国民党反对派的丑恶嘴脸，他受到国民党反动派的迫害，被监禁到集中

华人风采

营长达数年之久。出狱后，马寅初继续大声疾呼"打倒官僚资本"，号召抗兵抗粮，痛斥国民党政府出卖民族利益的种种行径。

抗日战争胜利后，马寅初不畏强暴，不顾安危，积极投入到反内战、反独裁的民主运动。在如火如荼的学生运动中，他始终站在游行队伍的前列。李公朴、闻一多被害后，1947年5月南京中央大学学生集会请他讲演，他不顾特务机关放出加害于他的恫吓，写下遗言，如约到会讲演，表现了一个民主战士的铮铮铁骨，鼓舞了青年的斗争精神。

马寅初提出了以节制生育、提高人口质量为中心的"新人口论"和综合平衡、按比例发展的经济理论。他认为我国人口"增殖太快"，"影响积累、影响工业化"，"是个极大的负担"。他主张"实行计划生育"和"推迟结婚年龄"。他认为国民经济要综合平衡，不能片面地强调重工业，必须同时积极发展轻工业，积极发展农业，主张引进外国先进的技术设备，主张充分利用价值规律等等。他以赤诚之心，针砭时弊，但当时却受到了很不公正的对待。

马寅初在燕南园63号居住期间，发表了《新人口论》，并因此遭到错误的批判。1960年，马寅初辞去北京大学校长职务，又搬回东总布胡同32号。此时的马寅初已是78岁高龄，且在政治上被剥夺了发言权，如今叫做"话语权"，满腹经纶而又刚直不阿的他赋闲在家。马寅初毕竟经过风雨，见过世面，能够泰然处之，他喜爱这样两句话——"宠辱不惊，闲看庭前花开花落；去留无意，漫观天外云卷云舒。"对于智者而言，赋闲至多只能标志宦海失意，决不意味事业无成。马寅初在赋闲期间，完成了百万字之巨的《农书》初稿，可惜《农书》初稿在"文化大革命"中被家人焚毁了。

党的十一届三中全会后，在中央的直接关怀下，马寅初同志的问题得到了彻底平反，肯定了他的新人口论和综合平衡的经济理论都是正确的，推翻了强加于他的一切污蔑不实之词，恢复了他的职务和名誉。

华
人
风
采

1981年党为马老举行了百岁寿辰的活动，马寅初对此表示了极大的快慰和衷心的感谢。

马寅初同志在教育园地辛勤耕耘了60多年，桃李满天下。新中国成立后，他热心党的教育事业，一再强调办教育要"学习新思想，确立为人民服务的立场"，"全体师生只有在共同的政治思想基础上，才能团结无间，精诚互助，培养出切合实际要求的专门技术人才。"他维护党对教育工作的领导，对那种不要党的领导的错误思潮曾据理批驳。当他再任北大名誉校长时，他笑容满面地说，具有光荣传统的北京大学，今后要在党的领导下，为实现"四化"作出新贡献。

1982年5月10日，我国著名的经济学家、教育家马寅初走完了整整一个世纪的人生历程，驾鹤西行，魂归道山。真应了一句中国的老话——仁者寿。

华人风采

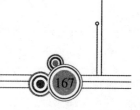

华裔州长骆家辉

骆家辉 1950 年 1 月 21 日出生在西雅图，是第二代华裔。骆家辉祖籍台山市水步镇吉龙村，他的祖父早年从香港移居美国，父亲骆荣硕成年后回到香港，娶了大陆出生的妻子后再返美国。

骆家辉 5 岁时，还不会讲英语，在家里只讲中国话。直到上学后，骆家辉才开始学英语。由于家境贫寒，骆家辉上学时的费用来源主要是靠政府资助和奖学金。

骆家辉考入耶鲁大学，主修的是政治学。1972 年他毕业后，又进入波士顿大学法学院继续深造，并获得了法学学位。骆家辉大学毕业后，进入了政府机关工作，先担任华盛顿州助理检察长，又任金县副检察官，后当选为华盛顿州众议员达 12 年之久，1993 年竞选当上金县县长。1996 年 11 月 5 日，骆家辉在华盛顿州州长选举中击败竞争对手共和党人克拉斯威尔，成为美国历史上第一位华人州长。1997 年 1 月 15 日，骆家辉正式宣誓就任华盛顿州州长。

骆家辉

骆家辉当选州长后不久的 1997 年 10 月，即率领美国州政府 22 位官员，开始了他的第一次中国之旅。行程涉足北京、成都、上海、香港等地，并与中国领导人就贸易、农业、教育等领域进行会谈。10 月 6 日，骆家辉在北京长城饭店举行了新闻发布会。他对记者说，他及代表团受到江泽民主席的接见，他感到非常荣幸。有记者问他来到祖先的国度有何感觉，他回答说："好极了!"他强调，"我以我的中国血统为自豪，我以我的祖先自豪，为华裔为美国的贡献而自豪。"

在骆家辉当选州长时，当时的美国总统克林顿在国情咨文中特别提到了骆家辉的名字。克林顿说，骆家辉是"数百万美国亚裔移民中的两位所养育的值得骄傲的儿子。这些亚裔移民用他们的辛勤劳动、他们的家庭价值观和他们作为公民的良好表现，增强了美国的力量。他代表着我们大家都能够实现的未来。"

华盛顿州农田

2000 年 11 月，骆家辉再以大比数击败共和党候选人卡尔森，顺利连任华盛顿州州长。这不仅是骆家辉 4 年的政绩得到选民的肯定，也为华人参与美国主流政治向前迈进了一大步。在他的领导下，华盛顿州失业率降至历史最低点，工资和公司利润屡创新高。2002 年 4 月，骆家辉签署了一项法案，规定华盛顿州各级政府的官方文件自 7 月起禁止使用含种族歧视意味的字眼。

2002 年 5 月，时任国家副主席的胡锦涛访问美国。骆家辉于 5 月 2 日在旧金山与胡锦涛会面，商讨 12 月商务访华的安排。在会面中，胡锦涛称赞骆家辉长期以来为发展中美关系作出了积极的贡献。

华盛顿州是波音公司和微软公司总部的所在地。骆家辉说，华盛顿州是美国对外经贸依赖度最大的一个州，他要利用华盛顿州处于环太平洋地区的这一特殊地位来影响美国的对外经贸政策，推动美国同亚洲国家做生意。

华人风采

耶鲁最年轻的博士生——林春

　　林春，耶鲁最年轻的博士研究生。1977 年 12 月，林春出生在山东省日照市，并在这里度过了他的童年。1986 年，他们举家迁到临沂，林春就转到了临沂第二试验小学上了四年级。一年后，林春的父亲因工作需要调到山东省委办公厅，林春也在临沂小学毕业后来到济南升入育英中学读初中，3 年后，又以优异的成绩考入省试验中学。

　　在高中，林春成绩优秀，参加了全国中学生奥林匹克物理竞赛、化学竞赛、力学竞赛、物理小论文等均获奖，因此进入了保送生的行列。先后有青岛海洋大学、山东大学、北京理工大学等高校表示可以免试录取，并且可以自由选择专业。但这些并不是

日照市风光

他的目标，"北京大学"——那才是他梦寐以求的。他郑重宣布，要报考北京大学。这也是林春自我设计、实现人生追求的第一步。面对高考的压力，他毅然放弃了保送上重点大学的机会，为实现自己的梦想投入高考的洪流中，凭自己的实力考入了中国的最高学府之一——北京大学。

　　对于自己要走的路，林春有着明确的方向。在踏入北大校园的那一

刻起，北大就成为他新的起点，一个通向哈佛、耶鲁、剑桥等世界名校的起点。

在北大，林春不断地充实自己，锻炼自己。大二时他通过竞选当上了系里的学生会主席，邀请著名物理学家、诺贝尔奖获得者李政道博士来校演讲；下企业拉赞助，成功地组织了一系列活动，使自己的思想水平、办事能力大大提高，并获得"北京大学社会活动奖"。与此同时，他重点突破，虽然耽误了一些时间与精力，但仍然取得了专业课与计算机的高分成绩，被教授选中去实验室当课题研究的助手。

林春的性格里有着一股韧性，善于学习、善于动脑，肯吃苦，这也是他一步步前进的坚实基础。凭着这股韧劲，他一连几个假期留校，在实验室给老师当助手，直到老师课题研究成功并发表了论文。在此期间，他的知识水平、实验能力及各种知识的综合运用能力都得到较大的提高。毕业论文《新的空进调制光谱技术的研究》被评为优秀论文，被学校资料室装订收档。

物理学家李政道

由于具备优秀的学习成绩和实验能力，大三时北大决定提前保送林春上"4+2"研究生。当父母正在为这个好消息激动不已时，林春却放弃了人生中的第二个保送机会。他以优异的 TOEFL、GRE 成绩和一纸充满自信的自荐信敲开了世界著名学府——耶鲁大学的大门，并获得每年4万美元的全额奖学金。当年耶鲁大学在北大物理系只录取了他一人。

1998年7月15日，林春来到了耶鲁，这将是他的又一个新征程、新起点。全新的环境给他提供了更多的机遇与挑战。在这一年间，

华人风采

171

林春完成了三件事情。第一，修完了研究生的全部课程。第二，以好的成绩获得了硕士学位，考取了博士资格，继而攻读博士学位，而这时他才22岁。第三，设计制作了一个专业网站，取名为"无限中国网"。在此期间，他搜集相关资料，自行编程，设计包括完整的网站创意、网页设计、网路铺设、投资回报分析在内的详细创业计划书，以国家西部大开发为创意，为美国中小企业到中国投资提供优质服务。不久，一位美国风险投资家找上门表示要为此进行风险投资。

无限中国网有限责任公司启动后，林春被聘请出任总工程师一职，并给他一定的股份。"无限中国网"很快在纷繁多变的美国IT界站稳了脚跟，引起了美国工商人士的极大关注和兴趣，多家报纸纷纷加以报道。

2001年3月31日，中国常驻联合国代表沈国放会见了"无限中国网"代表，对为西部开发提供服务的无限中国网表示支持与赞赏。林春作为公司总工程师参加了会见。这一年，学习、实验、创业在林春手中同时启动并创造了奇迹。

华人风采